펴낸날 2024년 9월 24일 개정판 4쇄
펴낸이 강진균
글 박신식
그림 이한울

편집·디자인 편집부
마케팅 변상섭
제작 강현배

펴낸곳 삼성당
주소 서울시 강남구 선릉로 747 삼성당빌딩 9층
대표 전화 (02)3443-2681 **팩스** (02)3443-2683
출판등록 1968년 10월 1일 제2-187호
ISBN 978-89-14-02052-9 (73810)

본 저작물은 저작권법에 따라 보호를 받는 책이므로 무단 전재와 무단 복제를 금합니다.
※ 파본은 바꾸어 드립니다.

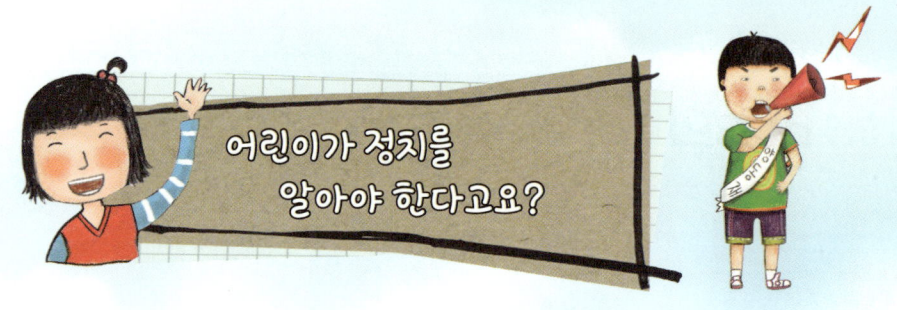

　뉴스나 신문을 보면 맨 처음 전하는 소식이 바로 정치지요. 그만큼 정치는 우리 생활과 아주 밀접한 관련이 있답니다. 하지만 대부분 어린이들은 정치를 딱딱하고 어렵게 느끼고 있어요. 정치를 어른들만의 일이라 여기면서 무관심하기도 하지요.

　《민주의 슬기로운 정치생활》은 딱딱한 정치 이야기에서 벗어나 가족회의, 학급 회의, 마을의 공동 문제, 선거 등 우리 어린이들이 일상생활에서 쉽게 접할 수 있는 사건을 중심으로 정치 이야기를 풀어냈어요. 어린이들은 이 책을 읽으며 정치의 의미, 민주주의, 자유와 평등, 인권, 다수결의 원칙, 지방 자치 제도, 정당, 삼권 분립, 시민 단체, 여론과 언론, 국제 사회 등 정치의 기본 지식을 자연스럽게 익힐 수 있을 거예요.

　책 속의 민주는 정치에 관심이 많아요. 학급을 자기 마음대로

하려는 동재에 맞서고, 아기 숲 공원 개발을 막기 위해 지방 자치 단체를 찾아가지요. 또한 문구점에서 어린이들을 무시하는 주인아저씨에게 어린이의 인권을 내세울 줄 알고, 세계 어린이들을 돕기 위해 성금을 모금하는 데 앞장서기도 하지요.

  어린이들도 민주처럼 정치가 우리 생활에 어떤 역할을 하는지 관심을 가졌으면 해요. 그래야 민주 시민으로 자라서 우리나라의 정치가 잘되고 있는지 판단할 수 있고, 나라를 위해 일하는 정치인을 올바르게 선택할 수 있지요. 더 나아가 우리나라와 세계를 이끄는 리더가 될 수 있답니다. 끝으로 다시 이 책이 세상에서 빛을 볼 수 있도록 재출간해주신 도서출판 삼성당에 감사드립니다.

글쓴이 **박신식**

차례

정치의 의미
똥고집 독재자   12

자유와 평등
개똥 아지트   26

인권
어린이라고 무시하지 마세요   41

민주주의
회장 맘대로   54

민주적인 결정 방법
아기 숲 공원이 사라진다고?   67

지방 자치 제도
아사모 스스로 해결해요 80

정당
정정당당한 도전 96

삼권 분립
거짓말쟁이 아저씨의 꿈 109

국민의 정치 참여
초록 도시 운동 본부 121

국제 사회
피오나의 폐지 138

정치의 의미
똥고집 독재자

　일요일, 점심을 먹자마자 민주 아빠는 소파에 눕다시피 몸을 기댔습니다. 그리고 텔레비전을 켰습니다. 뉴스만 전문적으로 방송하는 채널이었습니다. 뉴스에서는 국회에서 국회 의원들이 몸싸움을 하는 모습이 나왔습니다.
　"나랏일 하라고 뽑았는데 저렇게 싸우고만 있으니, 쯧쯧."
　아빠가 한심하다는 듯 이맛살을 찌푸리고 혀를 찼습니다.
　"아빠, 왜 국회 의원들은 만날 싸움만 해요?"
　민주가 아빠 옆에 앉으며 물었습니다.

"국회 의원들끼리 서로 의견이 달라서 그러는 거야. 하지만 대부분은 의견을 나누면서 회의를 한단다. 다만 방송에서 싸우는 모습을 많이 보여 주는 것뿐이지."

아빠가 텔레비전에 눈을 떼지 않으며 대답했습니다.

"아빠는 만날 싸우기만 하는 정치 이야기가 그렇게 재미있어요? 다른 채널에서 진짜 웃긴 예능 방송을 하는데 그거 보

면 안 될까요?"

민주가 다른 채널로 돌리려고 은근슬쩍 리모컨을 쥐자 아빠가 휙 낚아챘습니다.

"예능? 넌 그런 거 보지 말고 들어가서 수학 문제나 하나 더 풀어라."

아빠가 타이르듯 말했습니다.

"만날 아빠 맘대로야. 그러지 말고 예능 방송 봐요, 네?"

"안 돼!"

아빠가 딱 잘라 대답했습니다.

"똥고집."

민주가 입을 삐죽거리며 중얼거렸습니다. 그때 엄마가 설거지를 마치고 아빠 옆에 앉았습니다.

"여보, 지금 드라마 재방송하는데 그거 보면 안 될까요? 지난번에 민주가 교육 방송 봐야 한다고 해서 못 봤단 말이에요. 다음 이야기가 어떻게 됐는지 너무 궁금해요."

엄마의 말에 아빠는 아무 대꾸도 하지 않았습니다. 엄마가 슬쩍 리모컨을 빼앗으려 하자 아빠가 리모컨을 양손으로 꼭 쥐었습니다.

"여보, 지금 아니면 못 본단 말이에요."
엄마가 아빠의 겨드랑이를 간질이며 리모컨을 빼앗으려 했습니다.
"히히, 그래도 싫어!"
아빠는 간지러워서 몸을 움츠리면서도 리모컨을 놓지 않았습니다. 그러자 엄마의 이맛살이 찌푸려졌습니다. 엄마는 텔레비전 앞으로 다가가 전원 코드를 확 뽑아 버렸습니다. 아빠와 민주가 놀라서 눈이 휘둥그레졌습니다.

"우리도 저 국회 의원들처럼 서로 의견이 다르니까 이야기 좀 해야겠어요. 긴급 가족회의를 해요."
엄마는 잔뜩 화가 난 표정으로 아빠와 민주를 번갈아 보았습니다.
"그렇다고 저 국회 의원들처럼

싸우자는 것은 아니고요."

엄마가 아빠의 어깨를 톡톡 두드리며 말했습니다.

"우리 가족 모두 나이와 남녀 상관없이 텔레비전을 볼 권리가 있다고 생각해요. 그러니까 서로 공평하게 텔레비전 시청 시간을 나누기로 해요. 불만 있어요?"

아빠는 아무 대꾸도 하지 못한 채 고개를 저었습니다.

"먼저 민주부터 보고 싶은 방송과 시간을 말해 봐."

엄마가 날카로운 목소리로 묻자 민주는 엄마 눈치를 보며 머뭇거리다가 조심스레 입을 열었습니다.

"저는 예능 방송을 보고 싶어요. 그래야 친구들과 대화가 된단 말이에요."

"좋아. 그럼 예능 방송은 저녁에 하니까 그때 한두 시간 보면 되겠지?"

엄마의 말에 민주가 방긋 웃으며 고개를 끄덕였습니다.

"이번에는 내가 말할게요. 당신이 좋아하는 뉴스는 하루 종일 하니까 나중에 봐도 돼요. 그래서 지금은 드라마 재방송을 보는 게 좋을 것 같아요. 재방송은 지금 시간이 아니면 볼 수 없으니까요. 당신은 어떻게 생각해요?"

엄마가 눈을 가늘게 뜨며 물었습니다. 아빠는 아무 말 없이 고개만 끄덕였습니다. 그리고 순순히 엄마에게 리모컨을 내주었습니다. 그제야 엄마의 이마에 잡혀 있던 주름살이 펴졌습니다.

다음 날 아침 자습 시간이었습니다. 아직 선생님이 오지 않았지만, 칠판에는 '아침 자습 - 학습지 풀기'라고 쓰여 있었습니다. 아이들은 오자마자 교탁 위에 놓인 학습지를 한 장씩 가져가서 풀었습니다.

학급 회장인 동재는 오자마자 가방을 자리에 놓고 칠판 앞으로 나갔습니다. 그리고 분필을 들어 칠판에 '떠든 사람'이라고 쓴 뒤 교탁 앞에 서서 학습지를 풀기 시작했습니다. 그리고 자주 고개를 들어 아이들을 휘둘러보았습니다. 아이들은 동재의 눈치를 보며 조용히 학습지를 풀었습니다.

민주는 학습지를 다 풀고 짝꿍인 다영이의 귀에 대고 소곤거렸습니다.

"어제 '1박 2일' 봤니?"

"응, 정말 웃기더라. 복불복 정말 재미있지 않니?"

"맞아 나도 거기에 나오는 게임 해 보고 싶어. 정말 재밌겠지?"

민주와 다영이는 서로 얼굴을 마주 보고 웃었습니다.

"야, 거기 두 사람. 조용히 해!"

동재가 소리를 지르며 칠판에 '나민주, 김다영'을 적었습니다. 민주가 자리에서 벌떡 일어섰습니다.

"야, 우리 아침 자습 다 했거든! 그리고 그렇게 큰 소리로 떠든 것도 아니고, 지금은 학교 수업 시작 전이잖아."

"학교에 오면 떠들지 않기로 지난 학급 회의 때 정했잖아."
"그건 너 혼자 의견 내서 일방적으로 정한 거잖아."
"그게 그렇게 불만이었다면 그때 왜 반대하지 않았어?"

동재가 지지 않겠다는 듯 눈을 부릅뜨고 민주를 빤히 쳐다보았습니다.

"그야 그때 선생님이 계시니까……."

민주도 머뭇거리며 선뜻 대꾸를 하지 못했습니다.

"민주야, 참아. 저게 하루 이틀 일도 아니잖아."

다영이가 고개를 저으며 민주 옷소매를 끌어당겨 앉혔습니다. 그때 선생님이 들어왔습니다. 선생님은 칠판에 적힌 이름을 힐끗 쳐다보고는 아무 말 없이 자리에 앉았습니다. 동재도 자리에 들어가 앉았습니다.

선생님은 민주와 다영이를 야단치지 않았습니다. 하지만 민주와 다영이의 이름은 하루 종일 칠판에서 지워지지 않았습니다. 민주는 칠판에 적힌 자신의 이름을 볼 때마다 이맛살이 찌푸려졌습니다.

수업이 끝난 뒤 민주는 단짝 친구들인 다영이와 인혁이, 정수와 함께 공원에 갔습니다. '아기 숲 공원'이라는 익숙한

표지판이 아이들을 반겼습니다. 오래전부터 동네를 지키고 있는 아기 숲 공원은 민주와 친구들이 종종 모여 노는 곳입니다.

"동재는 선생님이 안 계실 때면 자기가 선생님 노릇을 하려고 한다니까."

다영이가 민주와 팔짱을 끼며 불만을 털어놓았습니다. 인혁이와 정수도 기다렸다는 듯 말을 이었습니다.

"동재는 만날 자기 맘대로야. 지난번에 연극을 할 때도 햄릿으로 하자고 고집을 피웠잖아. 난 햄릿이 누군지도 모르는데 말이야."

"맞아. 잘난 체하는 데 뭐 있어. 그리고 청소 시간에 너 이거 주워라, 저거 주워라, 하고 시키는 건 정말 싫어."

저마다 동재에 대해 불만을 쏟아 내며 커다란 소나무로 향했습니다. 공원 안쪽에 있는 소나무 아래는 민주와 친구들이 모이는 아지트입니다.

"어? 종구 아저씨다."

소나무 밑 의자에 종구 아저씨가 두꺼운 헌법 책을 베개 삼아 누워 있었습니다. 종구 아저씨는 법관이 되기 위해 준

비하고 있습니다. 하지만 항상 부스스한 머리에 해진 옷을 입고 다녀서 어수룩해 보입니다. 그래도 무엇이든 물어보면 척척 답해 주는 걸어 다니는 백과사전입니다.

"백 리 밖에서 떠들어도 다 들리겠다."

종구 아저씨가 눈 한쪽을 슬쩍 떴습니다.

"만날 공원에서 자고 공부는 언제 하세요?"

인혁이가 입을 비죽이며 물었습니다.

"난 항상 공부하고 있단다."

종구 아저씨는 옆에 놓인 헌법 책을 툭툭 건드렸습니다.

"그런데 무슨 이야기를 그렇게 심각하게 해?"

종구 아저씨의 물음에 아이들은 서로 앞다투어 동재에 관해 이야기했습니다.

"동재란 아이가 학급의 독재자인가 보구나?"

"독재자가 뭐예요?"

종구 아저씨의 말에 정수가 고개를 갸웃거리며 물었습니다.

"어느 집단이든 리더가 있어. 그런데 그 리더가 모든 일을 혼자서 조종하는 것을 독재라고 해. 그럴 때는 리더가 아닌 독재자라고 불러. 만약 나라에서 한 정치가가 독재를 하게

된다면 나라가 매우 불행하게 되는 거지."

"그럴 때는 어떡해야 하는 거예요?"

다영이가 궁금하다는 듯 물었습니다.

"독재가 무섭다고 또는 이기기 힘들다고 포기하기보다는 어떻게든 고쳐 나가려고 힘써야 하는 게 아닐까? 그래야 모든 사람이 행복할 수 있는 정치가 이루어질 테니까."

종구 아저씨가 아이들을 휘둘러보며 말했습니다.

"정치? 그런 것은 어른들의 일 아닌가요?"

민주가 고개를 갸웃거렸습니다.

"정치는 정치인들이나 어른들만 하는 것이 아니야. 학급 회의에서 자기 의견을 발표하는 것, 친구와 서로 다른 생각을 조정하는 것, 학급의 발표회 준비를 위해 역할을 나누어 맡는 것도 정치라고 할 수 있지. 이렇듯 일상생활에서도 정치가 이루어지고 있단다."

"동네 반상회도 생활 속의 정치라고 할 수 있겠네요?"

"집에서 한 사람이 맘대로 하는 것은 잘못된 정치고요."

다영이와 민주가 이어달리기하듯 말했습니다.

"역시 너희는 정치에 대해 이해가 빠르구나."

종구 아저씨의 칭찬에 다영이와 민주가 부끄러운 듯 얼굴이 빨개졌습니다.

"난 우리 집에서 독재를 없앨 거야. 우리 집에 똥고집 독재자가 한 분 계시거든."

"그게 누군데?"

"우리 아빠."

민주의 말에 종구 아저씨와 아이들이 배꼽을 쥐고 웃었습니다.

함께 살아가기 위해 정치가 필요해요

민주 신문 1호

가족회의로 갈등을 해결

텔레비전 시청 시간을 공평하게 나누기 위해 가족회의를 했다. 다른 가족의 의견을 무시하고 뉴스 채널만 보려고 하던 아빠도 결과에 따랐다. 국회에서 싸우는 국회 의원들도 우리 가족처럼 대화와 타협으로 나랏일을 해결했으면 좋겠다.

정치는 어떻게 시작되었을까?

사람이 모여 살게 되면서부터 자연스럽게 지도자가 생겨났다. 수렵 생활을 하며 여러 명이 무리 지어 사냥을 할 때는 경험 많은 사람이 지도자가 되어 사냥의 결정권을 가졌다. 또한 원시 부족에서는 부족의 우두머리에게 모든 결정권이 있었다. 이렇게 지도자가 된 사람들은 자기가 가진 권력을 지키기 위해 노력했다. 그러한 과정이 정치의 시작이다.

정치란 무엇일까?

정치란 좁은 의미로 정치가들이 나라를 다스리기 위한 권력을 얻고 유지하는 모든 활동을 말한다. 넓은 의미의 정치는 모든 사람들이 인간답고 행복하게 살수 있도록 서로 간의 갈등을 해결하고 질서를 유지하기 위한 여러 가지 활동을 말한다. 일상생활에서 가족회의, 학급 회의, 반상회 등을 통해 사람들 사이의 문제를 해결하는 것도 정치에 포함된다.

자유와 평등
개똥 아지트

 토요일 오후였습니다. 민주, 다영이, 인혁이, 정수가 인라인스케이트를 가지고 공원으로 가는 길이었습니다.
 "쟤, 피오나 아니니?"
 다영이가 손가락으로 건너편 길을 가리켰습니다. 한 여자아이가 할머니와 함께 폐지를 주워 손수레에 담고 있었습니다.
 민주 옆 반의 피앙이라는 여자아이였습니다. 아이들은 피앙을 만화영화의 주인공인 피오나라고 불렀습니다. 이름이

비슷해서이기도 하지만 보통 아이들과 다르게 생겼기 때문입니다.

피앙 엄마는 필리핀 사람입니다. 피앙은 엄마를 닮아 구릿빛 피부에 커다란 눈망울을 가졌습니다.

"저 몰골 좀 봐. 씻으면 때 구정물이 줄줄 흐를 것 같은데?"

"옷도 촌스러워."

학교 아이들은 피앙을 놀리며 피앙과 대화하는 것조차 싫어했습니다.

"왜 폐지를 줍고 있는 거지?"

민주가 고개를 갸웃거렸습니다.

"가난해서 돈 벌려고 그런 거겠지."

인혁이가 당연하다는 듯 말했습니다. 순간 피앙이 민주네 쪽을 쳐다보았습니다. 민주와 친구들은 괜히 무안해져서 고개를 돌리고 공원 안으로 재빨리 들어갔습니다.

아이들은 늘 모이는 소나무 아지트에 모여 앉아 인라인스케이트로 갈아 신고 보호 장비를 착용했습니다. 그리고 차례대로 줄을 지어 평평한 길로 나갔습니다.

공원에 난 길이 좁아 인라인스케이트를 타기에는 불편했습니다.

"공원 주위에 인라인스케이트를 탈 수 있는 전용 도로가 만들어졌으면 좋겠다. 그렇지?"

"맞아. 그러면 씽씽 달릴 수 있을 텐데."

다영이의 말에 인혁이가 아쉽다는 듯 맞장구를 쳤습니다.

"하지만 이렇게 차도 안 다니고 평평한 길이 있어서 그나마 다행이라고 생각해."

"그건 그래."

정수의 말에 다른 아이들도 고개를 끄덕였습니다.

아이들은 기다란 공원 길을 왔다 갔다 했습니다. 사람들이 다니지 않을 때에는 조금 더 속도를 내 보기도 했습니다.

그때 6학년 남자아이 네 명이 인라인스케이트를 타고 나타났습니다. 평소 학교에서도 거칠기로 소문난 아이들이었습니다. 6학년 아이들은 지나가는 사람들을 신경 쓰지 않고 속도를 내며 탔습니다. 보호 장비도 하지 않아 위험해 보였습니다.

"야, 야! 비켜!"

6학년 아이들이 다영이 쪽으로 쏜살같이 달려왔습니다. 다영이가 급하게 피하면서 넘어지고 말았습니다. 민주는 서둘러 다영이를 부축해 주었습니다. 그런데 6학년 아이들은 사과는커녕 오히려 귀찮다는 표정을 지었습니다.

"야! 너희들 그만 타고 집에 가라."

한 아이가 민주와 다영이를 쳐다보며 신경질적으로 말했습니다.

"우리들도 온 지 얼마 되지 않았단 말이에요."

정수와 인혁이도 나서며 대꾸했습니다.

"그래서. 계속 타겠다고? 너희들 때문에 맘껏 달릴 수가 없잖아."

옆에 있던 아이가 짜증을 내며 말했습니다.

"왜 우리가 가야 해요? 이 공원이 오빠들 것은 아니잖아요."

다영이가 당돌하게 말했습니다.

"그거야, 우리보다 어리니까 그렇지. 찬물도 위아래가 있는 법이야. 그러니까 오늘은 너희들이 양보해라, 응?"

한 아이가 다영이에게 쏘아붙이며 말했습니다.

"이 공원은 나이와 상관없이 누구나 평등하게 이용할 수 있다고 생각해요."

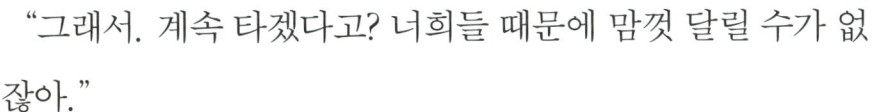

민주가 지지 않겠다는 듯 주먹을 꽉 쥐었습니다.

"어쭈. 어디서 주워들은 것은 있어 가지고, 콱! 이 주먹맛 좀 볼래?"

한 아이가 손을 들어 으름장을 놓았습니다.

"어? 그러다가 진짜로 치겠는데?"

그때 종구 아저씨가 어깨에 인라인스케이트를 둘러메고 나타났습니다.

"꼬마 친구가 틀린 말한 것도 아닌데 왜 그래?"

종구 아저씨가 6학년 아이들을 내려다보며 말했습니다.

"아저씨가 왜 끼어들어요? 남의 일에."

6학년 아이들은 종구 아저씨가 못마땅한 듯 눈을 위로 치켜뜨고 말했습니다.

"나도 인라인스케이트 타러 왔는데 찬물도 위아래가 있는 법이니까 오늘은 너희들이 양보해라, 응?"

종구 아저씨가 조금 전 6학년 아이들이 한 말을 그대로 흉내 냈습니다. 6학년 아이들의 얼굴이 발갛게 달아올랐습니다.

"에이, 재수 없어. 우리 딴 데로 가자."

6학년 아이들은 괜히 길가의 나무들을 걷어차며 자리를 떠났습니다.

"아저씨, 정말로 인라인스케이트 타러 오신 거예요? 탈 줄은 아세요?"

민주가 고개를 갸웃거리며 묻자 종구 아저씨가 껄껄껄 웃으며 고개를 저었습니다.

"그럼 그 인라인스케이트는 뭐예요?"

"응. 저기 공원 입구에 있더구나. 한참을 기다려도 찾으러 오는 사람이 없어서……."

"혹시 슬쩍?"

인혁이가 장난스럽게 배시시 웃었습니다.

"슬쩍? 설마 법을 공부하는 사람이 그런 끔찍한 짓을 할 수 있을 것 같니? 난 도둑질이나 거짓말은 못 해."

종구 아저씨의 말에 아이들은 믿을 수 없다는 듯 눈을 가늘게 떴습니다.

"이거 길 건너편에 있는 경찰서에 갖다줄 거야. 원래 있던 자리에는 경찰서에 가서 찾아가라고 종이에 써서 붙여 놓고 왔지."

종구 아저씨가 어깨를 으쓱거리며 말했습니다.

그때 강아지 한 마리가 아이들 사이로 뛰어들었습니다. 옷까지 차려입은 조그만 치와와였습니다.

"야, 정말 귀엽다."

"어디서 왔니? 이름이 뭐니?"

아이들이 쪼그려 앉아 강아지를 어루만졌습니다. 강아지

"나는 개가 무서워!"

도 아이들의 손을 핥았습니다. 하지만 종구 아저씨는 두어 발자국 뒤로 물러났습니다.

"아저씨는 강아지 싫어해요?"

"응. 어렸을 때 개한테 물린 적이 있어서······."

종구 아저씨는 그때 생각이 되살아나는지 이맛살을 찌푸렸습니다. 그런데 강아지가 화단 옆으로 가더니 똥을 누기 시작했습니다.

"악! 야, 거기다 똥을 싸면 어떡해?"

민주가 깜짝 놀라 소리쳤습니다.

"네가 그렇게 말한다고 개가 알아듣기나 하겠냐? 그나저나 주인은 어딜 간 거야?"

종구 아저씨가 주위를 휘둘러보았습니다. 저만치서 동재가 다가오는 것이 보였습니다.

"설마……."

아이들은 서로의 얼굴을 쳐다보았습니다. 동재도 아이들을 보고 놀랐는지 잠시 멈추어 섰습니다. 하지만 곧 강아지를 보고 얼굴이 환하게 밝아졌습니다.

"또리야, 너 여기 있었구나?"

강아지는 동재를 보고는 반가운 듯 종종 뛰며 달려갔습니다. 동재가 쪼그려 앉자 강아지가 톡 튀어 올라 동재의 품에 안겼습니다.

"동재야, 똥도 못 가리는 또리인지 뭔지 하는 녀석을 공원에 왜 데리고 왔냐?"

"그거야 내 자유지, 뭐."

인혁이의 말에 동재가 쏘아붙이듯 대꾸했습니다.

"그건 그렇다 치고 쟤가 나무 밑에 똥 싼 거 보이지? 어서 치워 줄래?"

"흥. 그걸 왜 내가 치우냐?"

정수의 말에 동재가 콧방귀를 뀌었습니다.

"개를 공원에 데리고 왔으면 책임을 져야 할 거 아냐?"

민주가 빽 소리를 지르며 말했습니다.

"쳇."

동재가 입을 비쭉 내밀었습니다. 그러자 종구 아저씨가 동재에게 다가갔습니다.

"자유를 누리기 위해서는 다른 사람에게 피해를 주면 안 돼. 그리고 자기가 한 일에 대해서는 책임을 져야 하는 거야. 그렇게 했을 때 비로소 진정한 자유가 보장될 수 있거든."

종구 아저씨가 강아지를 쓰다듬으며 말을 이었습니다.

"가만있어 봐라. 공원에서 개똥을 치우지 않으면 과태료가 얼마더라?"

종구 아저씨가 뭔가 곰곰이 생각하듯 눈을 지그시 감으며 중얼거렸습니다.

동재가 깜짝 놀라 강아지를 품에 꼭 끌어안았습니다.

"치우면 되잖아요!"

동재는 그제야 호주머니에서 휴지를 꺼내 똥을 집어 들었습니다. 그리고 쓰레기통에 휙 넣고 툴툴거리며 가 버렸습니다.

동재가 사라지자 종구 아저씨는 강아지를 어루만졌던 손을 옷에 빡빡 문지르기 시작했습니다. 그리고 끔찍하다는

듯 몸을 부르르 떨었습니다.

　몸집 큰 종구 아저씨가 작은 강아지를 무서워하는 모습에 아이들은 너도나도 배꼽을 쥐고 웃었습니다.

　"너희들 그렇게 비웃으면 여기 소나무 밑을 개똥 아지트라고 불러 버린다."

종구 아저씨가 으름장을 놓았습니다.

"개똥 아지트, 그거 괜찮은데요?"

"그렇게 부르면 다른 사람들은 절대로 오지 않아서 우리들만의 확실한 아지트가 될 것 같아요."

아이들은 서로 얼굴을 보고 끄덕였습니다.

"참, 특이한 아이들이야."

결국 종구 아저씨도 너털웃음을 터뜨렸습니다.

우리는 자유롭고 평등할 권리가 있답니다

민주 신문 2호

개의 자유와 주인의 책임

공원에서 개가 아무 데나 배설하거나 어린이들에게 위협이 되는 피해가 일어나고 있다. 개를 공원에 데리고 나오는 것은 자유지만, 개의 주인으로서 책임이 필요하다. 개의 가슴에 줄을 매거나 배설물이 생기면 바로 치우는 책임 있는 행동을 해야 한다. 그리고 반려동물 등록도 꼭 해야한다.

> 안전하고 즐거운 산책을 위해 가슴줄과 배변봉투를 꼭꼭~ 챙겨주세요!

스스로 선택하고 행동할 수 있는 자유

자유란 어떤 것을 결정할 때 스스로 선택하고 행동할 수 있는 것이다. 하지만 자기가 하고 싶은 대로만 행동하면 다른 사람에게 피해를 줄 수 있다. 다른 사람의 자유를 존중하고 자신의 행동에 책임을 질 수 있어야 진정한 자유를 누릴 수 있다.

차별받지 않는 평등

평등이란 어떤 일을 할 때 권리, 의무, 자격 등의 차별을 받지 않고 똑같이 대우받는 것을 뜻한다. 민주주의 사회에서는 이러한 평등을 바탕으로 각자의 능력을 최대한 발휘할 수 있는 기회를 공평하게 준다. 하지만 결과까지 평등하지는 않다.
더 열심히 노력하는 사람이 더 좋은 결과를 얻을 수 있다.

인권
어린이라고 무시하지 마세요

　이번 다영이 생일은 토요일이었습니다. 다영이의 생일잔치에 가기 전에 민주와 정수는 선물을 사려고 학교 앞 문구점에 들렀습니다.

　토요일 점심시간이었지만 문구점 앞 두 대의 게임기에는 커다란 나무에 달라붙어 있는 매미처럼 아이들이 다닥다닥 붙어 있었습니다. 그리고 문방구 입구에는 '무인 감시 카메라 작동 중'이라고 쓰인 종이가 붙어 있었습니다. 문구점 안에는 곤충의 까만 눈을 닮은 반구형의 감시 카메라 두 대가

위에서 내려다보고 있었습니다.

  민주는 샤프가 있는 곳으로 갔습니다. 민주는 이것저것 집어 들어 또각또각 눌러서 샤프심을 내밀어 보았습니다. 문방구 주인아저씨가 민주를 오랫동안 쳐다보는 것 같더니 결국 민주에게 다가왔습니다.

"얘야, 너무 많이 만지지 마라."

아저씨가 퉁명스럽게 말했습니다.

"네."

민주는 가볍게 대답하고 넘겼습니다. 하지만 딱히 맘에 드는 샤프가 없어서 몇 개를 다시 집어 들었습니다.

"얘야, 얼마 차이도 나지 않는데 되게 고르는구나."

"그래도 물건을 고를 때 쓰기 편한지 따져 보고 골라야 하잖아요."

민주는 지지 않고 목소리를 높였습니다. 아저씨는 이맛살을 찌푸리며 민주에게서 눈길을 떼고 다른 아이들을 휘둘러 보았습니다.

민주는 한참 만에 샤프펜슬을 하나 골랐습니다. '2천 원'이라는 가격표가 붙어 있었습니다. 민주는 샤프펜슬을 들고 아저씨에게 다가가 2천 원을 내밀었습니다.

"저, 죄송하지만 포장 좀 해주세요."

그러자 아저씨가 못마땅한 표정을 지었습니다.

"이깟 거 사면서 포장까지 하려고?"

그냥 종이봉투에 담아 가면 안 될까?"

아저씨가 퉁명스럽게 말했습니다. 민주는 무시당하는 기분이 들어 얼굴이 굳어졌습니다.

"그럼, 저건 뭔가요?"

민주는 손가락으로 계산대 아래를 가리켰습니다. 계산대 아래에는 예쁜 글씨로 '포장해 드립니다'라고 쓰여 있었습니다.

"그거야……."

"꼭 비싼 물건을 사야 포장해 준다는 말은 없잖아요."

민주가 퉁명스럽게 말하자 주인아저씨가 어이없다는 듯 민주를 빤히 쳐다보았습니다.

"그래, 알았다."

아저씨는 포장지를 조금 잘라 샤프펜슬을 감쌌습니다. 딱 보기에도 대충 포장하는 것 같았습니다. 민주는 아저씨의 행동이 맘에 들지 않았지만 더 이상 아무 말도 하지 않았습니다.

그런데 아저씨는 정수가 산 파스텔은 예쁘게 포장해 주었습니다. 게다가 천 원을 깎아 주며 9천 원만 받았습니다.

아저씨는 포장을 하면서도 이리저리 눈을 굴리며 아이들을 살펴보았습니다. 파스텔 포장이 끝나자마자 아저씨가 한 아이를 향해 고함을 질렀습니다.

"얘야, 너 금방 지우개 집어넣었지?"

아저씨의 말에 민주와 정수가 고개를 돌렸습니다. 그곳에는 피앙이 깜짝 놀란 표정으로 서 있었습니다. 아저씨가 빠른 걸음으로 피앙에게 다가갔습니다.

"방금 집어 든 지우개 어디 있니?"

"도로 제자리에 놓았는데요."

피앙이 눈을 휘둥그레 뜨며 말했습니다.

"아냐. 내가 보고 있었는데 분명 네가 호주머니나 가방 속에 넣은 게 틀림없어."

"아니에요."

피앙이 고개를 좌우로 흔들며 대답했습니다.

"어디 보자. 호주머니에 있는 거 다 꺼내 봐. 그리고 가방도 좀 줘 봐."

"예?"

피앙이 깜짝 놀라며 아저씨의 얼굴을 빤히 쳐다보았습니다.

"네가 훔치지 않았다면 다 보여 줄 수 있잖아."

가게 안에 있던 아이들의 눈길이 피앙에게 쏠렸습니다. 피앙은 몸을 움츠리며 금세 울상이 되었습니다. 금방이라도 눈물이 방울방울 떨어질 것 같았습니다.

"어디 보자."

아저씨가 이번에는 강제로 호주머니를 뒤지려고 했습니다.

"싫어요! 하지 마세요. 전 안 가져갔단 말이에요."

피앙이 뒷걸음을 치며 소리쳤습니다.

"글쎄, 네가 가져가는 걸 틀림없이 봤다니까."

아저씨가 눈을 부라리며 피앙이 메고 있던 가방을 붙잡았습니다. 피앙은 입술을 꼭 다물고 두 팔을 오므리며 가방을 꽉 붙들었습니다.

"싫어요. 제 가방 만지지 마세요. 전 아무것도 훔치지 않았단 말이에요."

"너무하는 거 아냐?"

정수가 중얼거리더니 아저씨에게 다가갔습니다.

"아저씨, 피앙이 안 가져갔다고 하잖아요."

순간 주인아저씨가 기분 나쁘다는 듯 정수를 흘겨보았습

니다.

"네가 무슨 상관이야? 그리고 네가 그걸 어떻게 알아?"

"만약 피앙이 물건을 훔쳤다고 해도 아저씨가 피앙의 가방이나 호주머니를 뒤질 권리는 없어요. 어린이라고 무시하지 마세요. 어린이도 인권이 있어요."

"뭐라고? 인권? 쪼그만 게……."

주인아저씨의 얼굴이 붉으락푸르락 변했습니다. 정수도 얼굴이 발갛게 달아올랐습니다.

"맞아요. 우리도 엄연한 손님이에요. 우리가 어른이었다면 아저씨가 이렇게 대할 수 없을 거예요. 우리가 어리기 때문에 무시하는 거잖아요. 꼬마 손님이라고 무시하지 마세요."

민주도 정수 옆에 서서 또박또박 말했습니다. 피앙이 민주 등 뒤로 몸을 반쯤 숨겼습니다.

"저기 감시 카메라가 있으니까 먼저 저 카메라로 녹화된 것을 살펴보시면 되겠네요. 그리고 정말 피앙이 훔쳤다면 경찰서로 가서 해결하세요."

정수가 아저씨에게 당돌하게 말했습니다.

"뭐라고? 쪼그만 것들이 버릇없이 어른한테 대들다니. 너

희들 몇 학년 몇 반이냐?"

아저씨가 따지듯 물었습니다.

"저희가 그걸 말해 줄 의무는 없어요. 그리고 버릇이 없다는 것은 아저씨 생각이에요. 오히려 어린아이라고 무시하는 것이 어른으로서 할 도리가 아니라고 생각해요."

정수가 어른스럽게 말을 이었습니다.

"그리고 저는 말대꾸를 하는 게 아니라 제 의견을 말하는 것이에요. 자꾸 어른의 입장으로 말씀하지 마세요."

정수의 말에 아저씨가 기가 막힌 듯 헛웃음을 흘렸습니다.

"너희들 서로 아는 사이지? 어쩌면 한패일지도 몰라."

분위기가 점점 험해졌습니다.

"그만하세요. 제가 가방을 보여 드릴게요."

피앙이 아저씨 앞으로 다가가 가방과 호주머니를 보여 주었습니다. 하지만 아저씨가 말한 지우개는 어디에도 나오지 않았습니다. 주인아저씨가 기가 죽은 듯 어쩔 줄을 몰라 하며 얼굴이 붉어졌습니다.

"다음부터는 의심받을 행동은 하지 마라. 알았니?"

"이제 지우개를 가져간 것이 아니라는 게 밝혀졌으니까 사

과하세요."

정수가 아저씨에게 다부지게 말했습니다.

"사과?"

"함부로 의심한 것에 대해 사과하셔야 해요."

"못하겠다면?"

"사과하지 않으면 정식으로 학교 어린이회에 건의하겠어요. 아저씨가 우리 학교 학생을 도둑으로 취급했으므로 절대로 이 문방구점을 이용하지 말라고요."

"뭐라고?"

주인아저씨가 기가 찬 듯 비웃었습니다. 그러다가 곧 굳은 얼굴로 곰곰이 생각해 보는 것 같았습니다.

"그래, 미안하구나."

아저씨는 마지못해 대답을 했습니다. 정수와 민주는 더 이상 대꾸하지 않고 피앙을 데리고 문방구를 나섰습니다.

"고마워."

"아냐. 끝까지 자존심을 지킨 네가 나보다 더 대단해. 네가 처음부터 가방을 순순히 보여 줬다면 나도 널 도와줄 용기가 나지 않았을 거야."

정수의 말에 피앙이 고개를 끄덕였습니다. 피앙이 밝은 표정으로 뒤돌아 집으로 향하자 민주가 정수의 등을 툭 쳤습니다.

"너 대단하던데? 그렇게 당찬 구석이 있는 줄 몰랐어."

민주가 정수에게 칭찬하듯 말했습니다.

"너도 대단하던데? 네가 없었더라면 나도 하고 싶은 말을 다 하지 못했을 거야."

민주와 정수는 서로 방긋 웃으며 다영이 집으로 향했습니다. 어린이 인권을 지킨 두 아이의 발걸음이 당당했습니다.

모든 사람은 하나하나 똑같이 소중하죠

민주 신문 3호

어린이의 인권을 지키자!

문구점에서 피앙이 도둑으로 몰렸다. 다행히 오해였음이 밝혀졌고, 주인아저씨의 사과를 받았다. 어린이들은 나이가 어리고 어른보다 힘이 약하다는 이유로 종종 무시당한다. 어린이도 어른과 마찬가지로 인간적으로 존중받을 권리가 있다.

인간으로서 당연히 누려야 할 권리

인권이란 사람이 사람답게 살기 위해 당연히 누려야 할 기본적 권리를 뜻한다. 모든 사람이 누구나 가지고 있으며 다른 누군가가 침해할 수 없는 권리이다. 이러한 인권이 인정되어야 모든 사람이 자유롭고 평등하게 의견을 말할 수 있고, 정치에 참여할 수 있게 된다.

UN 어린이 권리 조약

어린이에게 공부할 권리뿐만 아니라 쉬고 놀 수 있는 권리가 있다는 것은 국제 연합(유엔:UN) 어린이 권리 조약에 나타나 있다. 유엔 어린이 권리 조약은 세계 모든 나라의 어린이와 청소년이 당연히 누려야 할 권리를 선언하고 있는 국제적인 법률이다. 1989년 세계 여러 나라 대표들이 유엔에 모여 이 조약을 만들고 지키기로 약속했으며, 한국 정부도 1991년에 이 조약에 가입했다.

어린이의 인권을 보장하라!

어린이는 놀 권리가 있어요!

체육 시간이었습니다. 공놀이 시간이라는 소리에 반 아이들 모두 들떴습니다.

선생님은 남녀 섞어서 두 모둠으로 나눈 뒤 먼저 공을 던지고 받는 연습을 시켰습니다. 연습 시간이 끝난 뒤 피구가 시작되었습니다. 민주는 동재와 같은 모둠이지만 팀이 달랐습니다.

"누가 심판을 봐야 하는 거 아냐?"

민주가 아이들을 휘둘러보며

말했습니다.

"심판이 뭐 필요 있겠어? 그냥 경기하면서 내가 심판 볼게."

동재의 말에 반대하는 아이들은 없었습니다. 곧바로 경기가 시작되었습니다.

"야, 나에게 패스해 줘."

동재는 같은 팀 아이들에게 공을 패스해 달라고 졸랐습니다. 같은 팀 아이들은 마지못해 동재에게 공을 패스해 주었

습니다. 민주 팀의 아이들은 동재가 던진 공을 이리저리 피하며 약 올렸습니다.

선생님이 다른 모둠의 경기를 보러 간 사이에 동재가 던진 공이 땅에 맞고 민주의 다리에 맞았습니다. 민주가 재빨리 공을 잡았습니다.

"민주, 너 아웃이야. 공 놓고 밖으로 나가."

동재가 손가락으로 민주를 가리키며 소리쳤습니다.

"야, 그게 어째서 아웃이냐? 땅 먼저 맞고 다리에 맞은 거란 말이야!"

민주가 아니라고 손사래를 치며 소리쳤습니다.

"아냐, 땅하고 같이 맞았으니까 아웃이야!"

"아냐!"

민주와 동재가 서로 우기면서 옥신각신 말다툼을 했습니다.

"내가 심판이니까 심판 말에 따라야 하는 거 아냐?"

동재가 심판임을 내세워 민주의 말을 딱 잘라 버렸습니다.

"공정하지 못해. 자기가 경기에 참여하면서 심판을 본다는 게 말이 되니? 그러니까 처음부터 심판을 하나 정하자고 했

잖아."

"경기를 하든지 아니면 심판을 보든지 둘 중 하나만 해."

민주 팀의 아이들이 민주의 말에 맞장구를 쳤습니다.

"그러면 처음에 동재가 심판하면서 경기한다고 했을 때 적극적으로 말렸어야 하는 거 아냐?"

동재 팀의 아이들도 대꾸를 했습니다. 아이들이 경기를 멈추고 말다툼을 벌이자 선생님이 다가왔습니다.

아이들이 눈치를 주자 민주가 공을 놓고 재빨리 선 밖으로 나갔습니다. 선생님이 왔을 때는 아무 일 없었다는 듯 경기가 계속되었습니다. 하지만 경기하는 내내 민주와 동재는 서로를 노려보았습니다.

다음은 음악 시간이었습니다.

"학급 합창대회가 있는 거 알지요? 이 반은 '아기 염소'로 정했다고 하던데 열심히 준비하고 있나요?"

교과 선생님의 말에 아이들이 서로의 얼굴을 쳐다보며 고개를 갸웃거렸습니다.

"우리가 언제 그런 결정을 했지?"

"아기 염소는 너무 흔하지 않아?"

회장인 나를 따르라

"아기 염소는 우리가 부르기엔 너무 유치한 것 같은데……."
아이들이 웅성거리기 시작했습니다.
"양동재, 지난번에 선생님한테 와서 아기 염소로 정했다고 하지 않았나요?"

우-

선생님이 동재에게 물었습니다.
"그게……."
동재가 아무 대꾸도 하지 못하고 뒷머리를 긁적거렸습니다.
"친구들과 다시 상의해서 오늘 집에 가기 전까지 어떤 노래를 부를지 정해 가지고 오세요."
선생님이 나무라는 투로 동재에게 말하고 나서 수업을 시작했습니다. 음악 수업이 끝난 뒤 아이들이 동재 주위에 모였습니다.

누구 맘대로

어이없어!

"야, 학급의 중요한 일을 네 맘대로 혼자 결정해 버리면 어떡해?"

"그러게. 우리 반이지 네 반이 아니잖아."

"우리 반의 주인은 우리 모두야. 그러니까 함께 의논하고 결정해야 하는 거 아냐?"

아이들이 동재에게 불만을 톡톡 터뜨렸습니다.

"회장인 내가 우리 반에 진공청소기나 수저통을 기증하겠다고 할 때에는 내 맘대로 한다고 말리지도 않았잖아."

동재의 말에 불만을 터뜨리던 아이들이 잠시 머뭇거렸습니다.

"그거하고 이거하고 같다고 생각하니?"

민주가 나서서 동재에게 따끔하게 한마디 했습니다. 동재는 대꾸하지 않고 민주를 뚫어지게 쳐다보기만 했습니다. 그날 이후로 동재는 사사건건 민주의 행동에 간섭했습니다.

"나민주, 너 교실 바닥에 쓰레기 버렸다."

동재는 민주 책상 옆에 떨어진 색종이를 보고 칠판에 이름을 적었습니다.

"야, 이거 버린 거 아냐. 실수로 떨어뜨린 거야."

민주가 대꾸했지만 아무 소용없었습니다.

"나민주, 수업 시작종이 울린 뒤에 교실에 들어왔지?"

동재는 또다시 칠판에 민주의 이름을 적었습니다.

"야, 나만 종친 다음에 들어온 거 아니잖아."

"네가 제일 늦게 들어왔어."

민주가 변명을 했지만 이번에도 아무 소용없었습니다. 결국 칠판에 나민주 이름만 여러 번 적혔습니다.

수업이 끝나자 선생님은 출장이 있다면서 동재에게 뒷정리를 맡기고 나갔습니다. 동재가 민주에게 다가가 입꼬리를 살짝 올리며 웃었습니다.

"오늘 교실 청소는 너 혼자 해야겠구나?"

동재가 빈정거리자 민주는 콧방귀를 뀌었습니다.

"민주야, 우리가 도와줄게."

다영이, 인혁이, 정수가 민주 곁에 모였습니다.

"그런 게 어디 있냐? 칠판에 이름이 적힌 사람만 청소를 해야 한다는 규칙을 지켜야 하는 거 알지?"

동재가 아이들을 교실에서 나가게 했습니다.

결국 민주 혼자 남아 청소를 하게 되었습니다. 민주는 청

소를 시작하기 위해 책상을 하나하나 뒤로 밀었습니다.
"아, 짜증 나! 생각할수록 열 받네."
민주는 책상을 밀다 말고 가방을 들고 교실을 빠져나왔습니다. 밖에는 보슬비가 내리고 있었습니다. 하필이면 우산도 없어서 더 속상해졌습니다. 민주는 어깨를 축 늘어뜨린 채 터덜터덜 걸었습니다. 그런데 누군가 민주에게 우산을 씌워 주었습니다. 종구 아저씨였습니다.
"어허, 숙녀가 비를 맞으면 안 되지. 창문으로 보고 얼른 뛰어나왔잖아."
그러고 보니 종구 아저씨가 사는 집 앞이었습니다. 종구 아저씨의 집은 반지하라서 창문으로 집 앞에 걸어 다니는 사람들이 훤히 보였습니다.
"항상 시끄럽던 민주가 조용하니까 이상하네?"
종구 아저씨가 다정하게 묻자 민주는 학교에서 있었던 일을 말했습니다.
"억울하겠구나. 하지만 감정적으로 혼자 해결해서는 안 돼. 학급의 주인은 회장이 아니라 학급 어린이 모두라는 것이 중요하지. 함께 합당한 절차를 밟아서 해결하는 것이 좋

을 것 같아. 그리고 악법도 법이라고 했는데 교실 청소는 하고 왔어야 나중에 네가 할 말을 할 수 있지 않을까?"

민주는 종구 아저씨의 말을 곰곰이 생각해 보았습니다. 그리고 곧 고개를 끄덕거렸습니다.

"저 다시 학교로 돌아갈래요."

"빗줄기가 점점 굵어지는데?"

우산을 때리는 빗소리가 점점 커졌습니다.

"아저씨, 우산 좀 빌려주세요."

민주는 종구 아저씨의 우산을 빼앗다시피 들고 다시 학교로 향했습니다.

"우산 그거 하나뿐이니까, 꼭 돌려줘야 해!"

다급한 종구 아저씨의 목소리에 민주가 크게 웃으며 알았다고 소리쳤습니다.

다음 날 학급 어린이회 시간이었습니다. 기타 건의 사항 시간이 되자 민주가 손을 번쩍 들었습니다.

"학기 초에 정한 학급 규칙 중에서 회장 혼자서 정한 규칙

등 불합리한 것들이 많이 있습니다. 우리 학급의 주인은 우리들입니다. 그러므로 서로 의논해서 학급의 규칙을 다시 정하는 것이 필요하다고 생각합니다."

"동의합니다!"

"재청합니다!"

반 아이들은 교실 청소 방법, 회장이 이름 쓰는 것 등에 대해 불만을 터뜨리며 규칙을 바꾸자고 했습니다. 교탁에 서 있던 동재의 입이 삐죽 나왔습니다.

"회장 입이 점점 앞으로 나오는데 저러다가 오리 주둥이 되는 거 아냐?"

인혁이가 구시렁거리자 반 아이들이 통쾌하게 웃었습니다.

민주주의 사회는 국민이 나라의 주인이에요

민주 신문 4호

우리가 모두 학급의 주인

학급 어린이회를 열어 학기 초에 정한 학급 규칙에서 불편하고 불합리한 점을 찾아 새롭게 고쳤다. 서로 토의하고 결정하는 과정에서 한 사람을 위한 학급이 아니라 우리가 모두 학급의 주인이라는 생각을 하게 되었다. 앞으로 더욱 민주적인 학급 운영이 기대된다.

어디서 왕 노릇을…

국민의, 국민에 의한, 국민을 위한 정치

민주주의란 국민이 권력을 가지고 그 권력을 스스로 행사하는 정치 형태를 말한다. 즉, 국가의 주권이 많은 수의 국민에게 있고, 국민을 위해 정치하는 것이 옳다고 믿는 생각을 실천하는 것이다. 상대방의 인격을 존중하는 태도와 서로 의견이 다를 때 타협하는 태도 등도 넓은 의미에서 민주주의에 포함된다.

입헌주의란 무엇일까?

입헌주의란 민주주의 정치의 기본 원리 중 하나로, 헌법에 따라 나라를 다스려야 한다는 것이다. 오늘날 헌법은 국민의 기본권을 보장하고 있는 국가의 최고법이다. 민주주의 국가들은 국민의 자유와 권리를 보장하고 권력을 함부로 사용하는 것을 막기 위해 입헌주의에 따라 헌법을 바탕으로 민주 정치를 해나가고 있다.

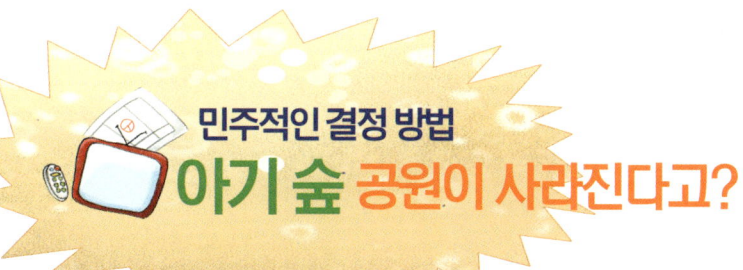

민주적인 결정 방법
아기 숲 공원이 사라진다고?

개똥 아지트에 모여 도란도란 수다를 떨던 아이들은 공원 입구에서 사람들이 웅성거리는 소리를 들었습니다. 그 소리는 점점 커졌습니다. 사람들이 꽤 많이 모여 있었습니다. 아이들이 고개를 갸웃거리며 사람들이 모여 있는 곳으로 갔습니다. 사람들 속에 익숙한 얼굴이 보였습니다.

"종구 아저씨! 무슨 일이에요?"

아이들은 종구 아저씨 곁으로 다가갔습니다.

"공원이 개발된다는 것 때문에 모였다더라."

종구 아저씨의 표정이 웬일인지 심각해 보였습니다.

"예? 공원이 개발된다고요? 그렇다면 공원을 더 좋게 만든다는 건가요?"

민주가 놀라며 되물었습니다.

"그건 아니고. 시청에서 공원을 없애고 음식점, 예식장, 주차장 등 돈을 벌 수 있는 상업 시설을 만들겠다고 했나 봐. 그래서 찬성하는 사람들과 반대하는 사람들이 모여 서로 의견을

얘들아! 아기숲 공원이 없어진대

들어보기로 했대."

공원이 없어진다는 말에 아이들은 깜짝 놀랐습니다.

"아기 숲 공원이 정말로 사라지는 거야?"

"아기 숲 공원이 없어지면 우리 아지트도 없어지는 거잖아."

"이제 어떻게 해야 하는 거지?"

아이들은 어쩔 줄 몰라 발만 동동 굴렀습니다. 어른들이 삼삼오오 짝을 지어 공원 개발에 대해 이야기를 나누고 있었습니다. 종구 아저씨는 여기저기 돌아다니며 다른 사람들의 이야기를 들었습니다.

"얘들아, 저기 좀 봐."

정수가 공원 입구를 가리켰습니다. 동재가 또리를 안고 아빠 뒤를 따라 공원에 들어오는 모습이 보였습니다. 배가 볼록하게 나온 동재 아빠는 공원에 들어서자마자 여러 사람들과 악수를 하며 이야기를 나누었습니다.

그때 아저씨 한 분이 크게 소리쳤습니다.

"아기 숲 공원은 작긴 하지만 이 근처에서 하나밖에 없는 쉼터입니다! 공원을 없앤다는 것은 있을 수도 없는 일입니다!"

"맞습니다. 게다가 이 공원을 이용해서 돈을 벌겠다는 얄팍한 상술은 말도 안 됩니다."

"비상 주민 총회를 개최하고 반대 서명운동을 해야 합니다."

"현수막도 만들어서 이곳을 지나가는 사람들이 알 수 있게 해야 합니다."

"홈페이지를 통해 관계 기관에 강력하게 항의를 합시다."

많은 사람들이 공원 개발을 반대했습니다. 그때 동재 아빠가 나섰습니다.

"우리가 무조건 반대만 할 게 아니라 다른 긍정적인 면도 생각해 봐야 합니다. 이 공간에 커다란 건물이 세워지면 더 많은 사람들이 이곳을 찾게 될 것입니다. 그러면 자연스레 이 지역의 상권이 발달할 것입니다."

"맞습니다. 게다가 이 공원은 우리 땅이 아니기 때문에 무조건 개발을 반대할 수는 없습니다."

"이곳에 커다란 건물이 생겨서 도서관, 영화관 등이 들어서면 우리 주민들이 다양한 문화생활을 더 많이 누릴 수 있을 것입니다."

공원 개발을 찬성하는 사람들의 의견도 만만치 않았습

니다.

"이곳에 사람들이 많이 드나들면 양 사장님께서 운영하는 빵집은 더 잘되겠지요?"

종구 아저씨가 구시렁거리듯 말했습니다. 순간 동재 아빠의 얼굴이 빨개졌습니다.

"맞아. 동재 아빠는 빵집 사장님이잖아?"

"그래. 그 빵집 유리에 붙어 있는 배불뚝이 캐릭터는 동재 아빠의 모습이라잖아."

아이들은 빵집의 캐릭터를 떠올렸습니다. 종구 아저씨의 말은 계속 이어졌습니다.

"그리고 옆에 계신 치킨집 사장님이나 고깃집 사장님들도 마찬가지일 것입니다."

공원 개발을 찬성하던 아저씨들의 얼굴이 벌게졌습니다.

"그게 뭐 우리들만 이익을 보는 건가요?"

공원 개발을 찬성하던 사람들이 손사래를 치며 변명하듯 말했습니다.

"그게 그거지, 뭐."

"맞아. 속이 훤히 보이는구먼."

공원 개발을 반대하는 사람들이 여기저기서 구시렁거렸습니다.

"아니, 무슨 그런 근거 없는 소리를!"

동재 아빠와 음식점 사장님들은 손사래를 쳤습니다.

"만약 아기 숲 공원이 없어지면 이 아이들은 어떻게 될 것 같습니까?"

종구 아저씨가 옆에 있던 민주와 친구들을 가리키며 말했습니다. 아이들이 깜짝 놀라 눈만 멀뚱멀뚱 떴습니다.

"이 공원이 사라진다면 이 근처에 사는 아이들은 흙과 나무 냄새도 맡지 못하고 꽃향기도 맡을 수 없을 것입니다."

종구 아저씨의 말에 아이들이 고개를 끄덕였습니다.

"종구 총각 말 참 잘하네그려."

주위에 있던 할아버지, 할머니들이 맞장구를 치며 박수를 쳤습니다. 그러자 종구 아저씨가 부끄럽다는 듯 뒷머리를 긁적거렸습니다.

"말만 잘하면 뭐 해? 아직 법원 근처에도 못 갔는걸."

동재 아빠가 비아냥거렸습니다. 종구 아저씨는 못 들은 척

대꾸하지 않았습니다. 날이 어두워지고 가로등에 하나둘 불이 들어왔습니다. 하지만 사람들의 대화는 끝이 없었습니다. 도무지 결론이 날 것 같지 않았습니다. 민주를 비롯한 아이들도 점점 지쳤습니다.

"이렇게 말로만 해서는 이 문제를 해결할 수 없을 것 같습니다. 이 문제를 주민들의 투표로 결정하는 것이 좋을 것 같습니다. 사장님들께서는 어떻게 생각하시나요?"

"아까 말했듯이 이 공원이 우리 주민들의 것이 아니라서 우리 맘대로 할 수 없어요."

종구 아저씨의 말에 공원 개발을 찬성하는 사람들은 조금 머뭇거렸습니다.

"맞아요. 몇 사람 의견보다는 우리 주민들의 전체 의견을 물어봐야 합니다."

"민주주의 사회라면 당연히 그렇게 해야 하는 거 아닌가요?"

사람들의 목소리가 커지자 공원 개발을 찬성하는 사람들도 선뜻 반대하지 못했습니다.

"그래요. 조만간 구청에 가서 주민 투표를 하자고 건의를 합시다."

그제야 사람들이 하나둘 흩어지기 시작했습니다.

"여기서 투표를 바로 할 수 있었더라면 고대 아테네의 회의처럼 멋졌을 텐데."

종구 아저씨가 아쉽다는 듯 중얼거렸습니다.

"고대 아테네의 회의가 뭐예요?"

"고대 아테네에서는 시민 모두가 광장에 모여 회의를 하고

아테네 시민 여러분!

그럼 투표를 시작해주세요.

모든 문제를 그 자리에서 투표로 결정했단다. 오늘날 민주 정치의 기본 바탕이라고 할 수 있지."

종구 아저씨의 말에 아이들이 고개를 끄덕였습니다.

"아저씨, 옛 속담에 싸움은 말리고 흥정은 붙이라고 했는데 오늘 보니까 이런 싸움은 재미있네요."

인혁이의 장난스러운 말에 아이들과 종구 아저씨는 잠시 공원 걱정을 접고 한바탕 웃었습니다.

대화와 타협을 통해 민주적으로 결정해요

민주 신문 5호

아기 숲 공원 개발의 찬성과 반대

아기 숲 공원 개발에 대해 동네 사람들이 모여서 의견을 나누었다. 유일한 녹지 공간이며 휴식 공간이라는 이유로 개발을 반대하는 사람들과 지역 상권의 발달과 주민의 다양한 문화생활 향상을 이유로 개발을 찬성하는 사람들로 나뉘어 어떤 것이 도움이 되는지 의견을 나누었다. 많은 사람이 우리 동네의 발전을 생각해 보는 계기가 되었다.

민주적인 결정 방법

어떤 일을 결정할 때 여러 의견의 차이를 좁히고 서로에게 이로운 해결 방안을 찾기 위해 대화를 거친 뒤 타협해야 한다. 이때 대부분 민주주의 정치의 기본 원리 중 하나인 '다수결의 원칙'에 따른다. 소수의 판단보다는 다수의 판단에 따르는 것이 더 합리적이기 때문이다. 하지만 소수의 주장에도 귀를 기울이는 태도가 필요하다.

고대 아테네의 제한 민주 정치

고대 그리스에는 많은 도시국가가 있었다. 그 도시국가 중 하나인 아테네에서 시민들이 참여하는 직접 민주 정치가 시작되었다. 아테네에서는 전체 시민이 '아고라'라는 광장에 모여 회의를 하고 투표로 모든 문제를 결정했다. 하지만 여자와 노예, 외국인은 정치에 참여할 수 없는 제한적인 직접 민주 정치였다.

지방 자치 제도
아사모 스스로 해결해요

"아기 숲 공원 개발은 어떻게 된대?"

민주는 종구 아저씨 집에 도착하자마자 물었습니다. 종구 아저씨의 조그만 전세방에는 다영이, 인혁이, 정수 그리고 종구 아저씨까지 모여 앉아 꽉 차 보였습니다.

"그냥 개똥 아지트에 모이지, 굳이 내 집에 쳐들어온 이유는 뭐냐?"

종구 아저씨는 투덜대면서도 아이들 머릿수만큼 주스 네 잔을 따랐습니다.

"우린 어린이들이라 모르는 게 많아서요. 우리에겐 종구 아저씨밖에 없다고요!"

인혁이가 너스레를 떨자 종구 아저씨가 싫지 않은 듯 함께 자리에 앉았습니다.

"우리 아빠가 그러시는데 '아사모'라는 모임을 만들어서 시청에 찾아가기로 했대."

"아사모? 그건 또 뭐야?"

다영이의 말에 민주와 인혁이가 고개를 갸웃거리며 되물었습니다.

"아기 숲 공원을 사랑하는 사람들의 모임을 줄여서 아사모라고 했다던데?"

정수의 말에 아이들은 고개를 끄덕였습니다.

"그런데 시청에 가면 문제가 해결되는 거야?"

"시청에서 공원을 개발하려고 하는 거잖아."

"그래? 그런데 시청은 우리 시민들이 잘살 수 있게 도와주는 곳이잖아. 시청에서 공원을 개발한다는 것은 우리 시민들을 위해서 그런 건 아닐까?"

"그러게. 그런 곳에서 공원을 개발한다면 우리가 반대하면

안 되는 거 아냐?"

아이들이 고개를 갸웃거렸습니다.

"과연 공원 개발이 시민들에게 무조건 도움을 준다고 할 수 있을까?"

종구 아저씨가 끼어들었습니다.

"시청에서 시민들이 무엇을 원하는지 모르고 있을 수도 있단다."

아이들은 귀를 쫑긋거리며 이어지는 종구 아저씨의 말을 기다렸습니다.

"시민들의 건강과 휴식뿐만 아니라 어린이들이 놀 수 있는 공간인 공원을 만드는 것도 시청이 해야 할 일 중 하나야. 그런데 그런 공간을 만들기는커녕 시민들의 의견을 듣지도 않고 마음대로 없앤다는 것은 문제가 있지."

아이들은 종구 아저씨의 말에 고개를 끄덕였습니다.

"어쨌든 시청에서 개발을 하지 않겠다고 하기만 하면 모든 문제가 끝나는 거죠?"

민주가 다시 한번 정리했습니다.

"그렇지. 그런 의미에서 함께 시청에 가 보지 않을래?"

어린이들의 공간을 없애지 마세요!

종구 아저씨의 뜻밖의 제안에 아이들이 깜짝 놀라서 서로의 얼굴을 바라보았습니다.

"그래. 너희들도 이 공원을 이용하고 사랑하는 시민이잖아. 시청에서 개발을 취소할 수 있게 힘을 보태 달라는 거지."

"저희 같은 어린아이들이 할 수 있는 일이 있을까요?"

"너희들의 의견을 알려 주기만 하면 되는 거야."

민주의 말에 종구 아저씨가 책이 잔뜩 쌓여 있는 방 한구석에서 손팻말을 꺼내 왔습니다.

"자, 여기에 너희들이 하고 싶은 말을 써 봐."

"우아! 언제 이런 걸 준비하셨어요? 관심 없는 척하시더니."

인혁이가 씩 웃으며 손팻말을 받아 들자 종구 아저씨가 괜히 헛기침을 했습니다. 아이들은 어떤 말을 쓸지 곰곰이 떠올려 보았습니다.

'어린이들의 공간을 없애지 마세요.'

'아기 숲 공원에서 우리 시의 미래가 자라나고 있어요.'

'우리 모두는 아기 숲 공원을 사랑해요!'

아이들은 저마다 하고 싶은 말을 적었습니다. 적다 보니 아기 숲 공원이 더욱 소중해지는 것 같

았습니다.

 아이들은 손팻말을 들고 종구 아저씨를 따라 시청으로 갔습니다. 평소에 자주 지나다니던 시청이었지만, 직접 들어가 보기는 처음이었습니다. 시청은 어른들만 가는 곳이라 여겼는데, 아기 숲 공원을 위해 시청에 들어선 아이들은 괜히 뿌듯해졌습니다.

 시청에는 벌써 아사모 회원들이 모여 있었습니다. 아사모 회원들은 시장을 만나게 해달라고 요구했습니다. 하지만 시청에서 일하는 사람들은 시장이 출장을 갔기 때문에 만날 수 없다고 했습니다. 그러자 아사모 회원들의 화난 목소리가 점점 커졌습니다.

 "분명히 오늘 방문하겠다고 미리 연락했는데 우리들을 피하는 이유는 뭐냐?"

 "시장은 우리 시민들을 하늘처럼 모시겠다고 하지 않았느냐. 폭설과 태풍으로 인한 자연재해만이 재난이 아니다. 잘못된 행정도 시민들에겐 또 하나의 재난이다!"

 아사모 회원들의 거센 항의는 계속되었습니다.

 "공원 개발은 시의 발전을 위해 임시로 결정된 일일 뿐입

시의회에서는 시의 중요한 일을 의논하고 결정합니다.

니다. 그러므로 돌아가셔서 앞으로 어떻게 진행되는지 지켜봐 주시기 바랍니다."

시청의 직원들은 계속 똑같은 말만 되풀이할 뿐이었습니다. 그때 한 무더기의 사람들이 시청으로 들어왔습니다. 맨 앞에는 동재 아빠가 서 있었습니다. 그 사람들은 저마다 '공원 개발 찬성'이라는 손팻말을 들고 있었습니다. 그리고 동재도 '우리 어린이들은 좀 더 좋은 문화시설을 원한다'는 손

팻말을 들고 있었습니다.

"저 모임은 '아미모'인가? 아기 숲 공원을 미워하는 사람들의 모임 말이야."

인혁이의 말에 아이들은 한바탕 웃었습니다.

"시장을 만날 수 없다면 시의회를 찾아갑시다."

아사모 회원들이 우르르 시청 옆에 있는 시의회 건물로 향했습니다. 공원 개발을 찬성하는 사람들도 따라서 시의회 건물로 이동했습니다. 시의회 건물에는 커다란 시의회 마크가 걸려 있었습니다.

"시의회가 뭐기에 그쪽으로 가는 거예요?"

민주가 종구 아저씨에게 물었습니다.

"시의회 같은 지방의회는 지역 주민들이 뽑은 의원들로 구성된 의회야. 지역의 중요한 일을 의논하고 결정을 하는 곳이지. 시장과 같은 지방 자치 단체장이 어떤 일을 하기 위해서는 지방의회의 허락을 받아야 해."

"시의회에서 반대하면 아기 숲 공원도 개발할 수 없다는 뜻이군요."

민주가 이해했다는 듯 고개를 끄덕거렸습니다.

시의회에서는 시의회 의원들을 만날 수 있었습니다. 시의회 의원들의 옷깃에서 무궁화 모양의 노란 의회 배지가 반짝거렸습니다.

"저 사람들이 시의회 의원이구나? 배지 멋지다. 하나 얻을 수 있을까?"

인혁이가 눈을 반짝이며 호들갑을 떨었습니다.

"그런데 시장님은 우리를 만나 주지 않던데 저 의원님들은 왜 우리를 만나 주는 건가요?"

다영이가 궁금하다는 듯 물었습니다.

"시의회 의원들은 지방 자치 행정에 직접 참여하지 못하는 시민들을 대신해 활동하는 시민들의 대표야. 그러므로 시의회 의원이 해야 할 가장 중요한 일은 지역 문제에 대한 시민들의 의견을 듣고 해결 방안을 찾는 것이지."

"그러니까 '손님은 왕'이 아니라 '시민은 왕'이라는 뜻이군요?"

종구 아저씨의 말에 인혁이가 농담처럼 맞장구를 쳤습니다.

아사모 회원들과 개발을 찬성하는 사람들은 시의회 의원

들 앞에서 자신들의 의견을 침을 튀기며 말했습니다. 시의회 의원이 양쪽의 이야기를 듣고 말문을 열었습니다.

"우리 의회에서는 시청에서 공원 개발에 대해 의논하고자 요청할 때 진지하게 검토할 것입니다. 다만 그 결정은 이번에 시의회 의원 선거가 끝난 후 새롭게 구성되는 시의원들이 결정할 것입니다. 그러니 다들 돌아가 주십시오."

시의회 의원들도 확실한 답변을 해주지 않고 사람들을 돌려보내려고만 했습니다. 사람들은 모두 허탈해졌습니다.

시청과 시의회에 올 때만 해도 아기 숲 공원을 지킬 수 있을 거라는 생각에 기운이 넘치던 민주와 친구들은 우울해졌습니다. 준비했던 손팻말이 무겁게만 느껴졌습니다.

"그럼 이제 더 이상 우리들의 의견을 전할 곳은 없나요?"

"며칠 전에 아사모 회원들이 국회에 가서 지역구 국회 의원에게 뜻을 전달했대. 그런데 지방 자치 제도로 인해 시의 일은 시청에서 결정할 일이라며 받아들여 주지 않았다는군."

민주의 물음에 종구 아저씨도 어깨를 축 늘어뜨린 채 말했습니다.

"그럼 어떻게든 시청이나 시의회에서 개발을 하지 못하도록 해야 되는 거네요?"

"그렇지. 하여튼 정치하는 사람들 정말 맘에 안 들어. 내가 해도 그보다는 잘하겠다."

종구 아저씨가 못마땅하다는 듯 구시렁댔습니다.

"그럼 우리 의견을 들어줄 수 있는 사람이 시의원이 되면 좋은 거 아닌가요?"

"그렇지."

"그럼 아저씨가 시의원이 되면 되겠네요."

민주의 말에 종구 아저씨의 눈이 휘둥그레졌습니다. 그러자 주위에 있던 사람들이 맞장구를 쳤습니다.

"그래. 이번 6월에 있는 시의원 선거에 한번 나가 봐. 우리가 한 표씩은 무조건 찍어 줄 테니까."

"그건……."

종구 아저씨가 손사래를 쳤습니다. 하지만 금세 아사모 회원들의 박수 소리가 터졌습니다.

그러자 반대쪽에 있던 공원 개발을 찬성하는 사람들도 웅성거리기 시작했습니다.

"그럼 우리 쪽에서도 시의원 후보를 내보내 우리의 뜻이 이루어지도록 합시다. 양 사장님은 어떻습니까?"

모든 사람들의 눈이 동재 아빠에게 쏠렸습니다.

양철민

양철민

와아~

"그까짓 거 못 할 것도 없지요."
동재 아빠가 손을 들자 사람들의 박수 소리가 크게 울려 퍼졌습니다.

"김종구! 김종구!"

"양철민! 양철민!"

사람들은 벌써부터 선거전을 하듯 소리치기 시작했습니다. 동재 아빠는 의기양양하게 미소를 짓고 있었지만, 웬일인지 종구 아저씨는 고개를 숙이고만 있었습니다.

지역의 일은 지역 주민이 스스로 해결해요

민주 신문 6호

시청과 시의회에 의견 전달

시청에서 아기 숲 공원을 개발하겠다고 발표하면서 공원 개발에 반대하는 시민들과 찬성하는 시민들이 시청과 시의회를 찾아갔다. 그곳에서 시청 관계자와 시의회 의원들을 설득하기 위해 서로의 뜻을 전했다. 공원 개발을 반대하는 시민들과 찬성하는 시민들 사이의 갈등이 더 이상 커지지 않기를 바란다.

지방 자치 제도란 무엇일까?

지방 자치 제도란 일정한 지역의 주민들이 스스로 자기 지역의 문제를 결정하고 해결하는 정치 형태이다. 지방 자치 제도는 정부나 국회 등 중앙으로 권력이 집중되는 것을 막을 수 있다. 또한 지역의 특색을 잘 아는 지역 주민과 지역 대표가 일을 결정하고 처리하기 때문에 지역이 더 발전할 수 있다.

지방 자치 단체의 기관

지방의회는 지역의 중요한 일을 의논하고 결정하는 기관(의결기관)이고, 지방 자치 단체장은 결정된 일을 실행하는 기관(집행기관)이다. 도의 지방의회는 도의회, 지방 자치 단체장은 도지사다.
시의 지방의회는 시의회, 지방 자치 단체장은 시장이다. 구의 지방의회는 구의회, 지방 자치 단체장은 구청장이다. 군의 지방의회는 군의회, 지방 자치 단체장은 군수다.

민주주의는 국민의 정치적 관심을 먹고 자라요

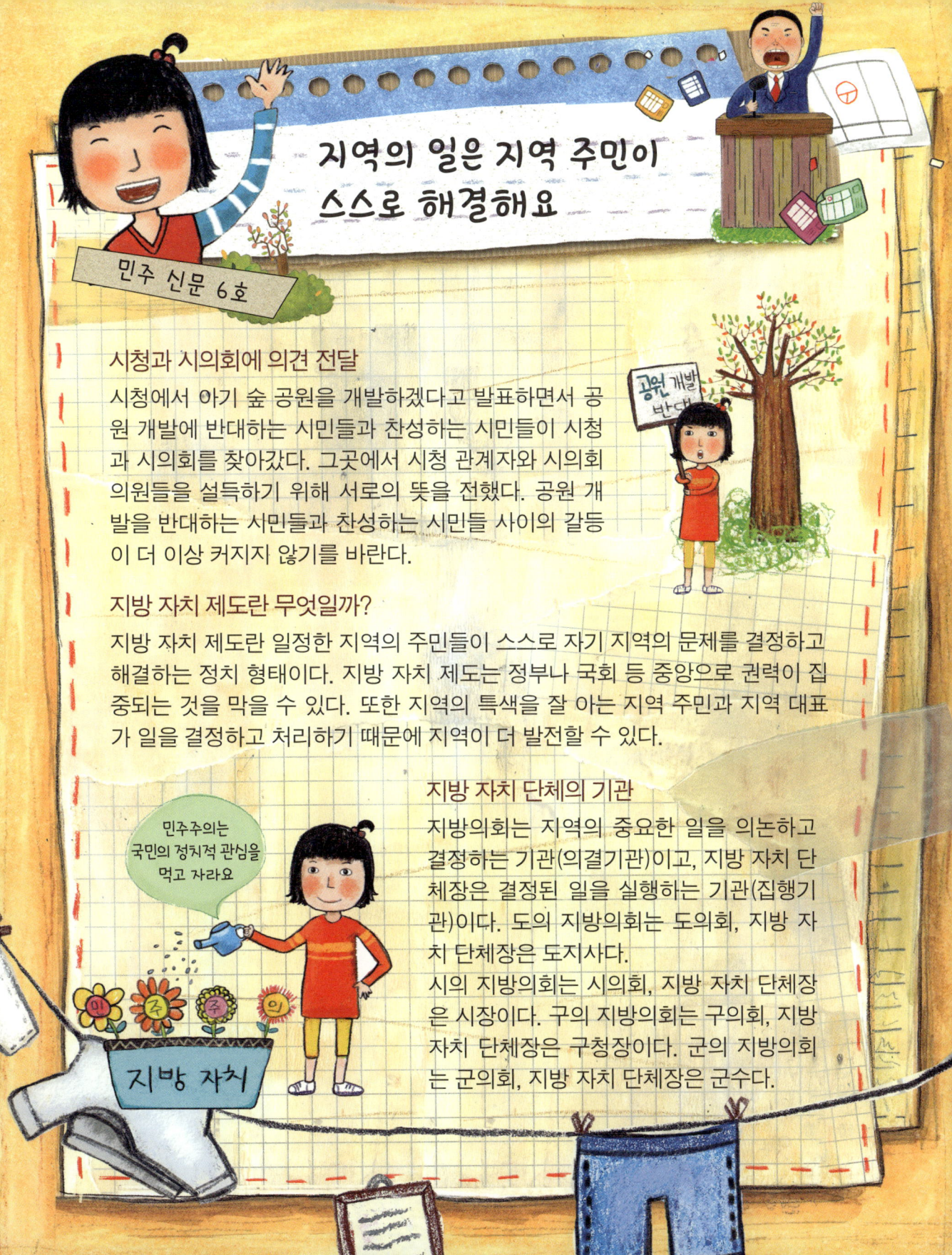

민주와 친구들은 아침부터 교실에 모여서 시의회 의원 선거에 대해 이야기를 나누었습니다.

이제까지 멀게만 느껴지던 선거였지만, 이번에는 달랐습니다. 선거 결과에 따라 아기 숲 공원이 사라질지도 모르기 때문입니다. 게다가 아이들이 잘 알고 있는 종구 아저씨와 동재 아빠가 시의회 의원 후보에 나선다고 하니 절로 관심이 쏠렸습니다.

"종구 아저씨가 시의회 의원 후보가 될 수는 있는 거야?"

"우리 아빠가 그러시는데 시의회 의원이 되기 위해서는 성별이나 학력 제한이 없대. 다만 일정한 나이가 되어야 한다는데 종구 아저씨가 몇 살이었더라?"

민주가 묻자 다영이가 고개를 갸웃거리며 답했습니다.

"종구 아저씨는 노총각이라고 했으니까 나이는 걱정 없을 거야."

인혁이의 말에 아이들이 고개를 끄덕이며 웃었습니다.

교실 뒷문이 열리며 동재가 들어왔습니다. 동재의 입가에는 함박웃음이 그려져 있었습니다. 아이들이 우르르 동재에게 몰려갔습니다.

"네 아빠 시의회 의원 후보에 나가기로 했다며? 정말 대단하다."

아이들이 부러운 듯 말했습니다.

"응, 어제 나라당에서 연락이 왔어. 이번 선거에 나라당 후보가 되어 달라고 말이야."

동재가 어깨를 으쓱거렸습니다.

"나라당? 그게 뭐지?"

청와대

우리는 대통령을 배출해 정권을 잡은 여당입니다

인혁이가 중얼거리자 동재가 다가왔습니다.

"자식, 무식하긴. 나라당을 모른단 말이야? 우리나라 정권을 잡고 있는 정당이잖아."

"정당? 그건 또 뭔데?"

인혁이가 되묻자 동재가 어처구니가 없다는 표정을 지었습니다.

"정당이란 정치적인 주장이 비슷한 사람들이 모인 단체

야. 지금 우리나라 대통령은 나라당이라는 정당에서 뽑혔어. 그래서 정권을 잡은 나라당을 여당이라고 해. 여당에서는 정부와 함께 나라의 중요한 정책을 마련하는 일을 하지."

동재는 잔뜩 힘이 들어간 목소리로 말했습니다.

"여당 이외의 정당들을 야당이라고 해. 어쨌든 여당에서 우리 아빠에게 후보가 되어 달라고 했으니 우리 아빠 인지도가 얼마나 높은지 알겠지?"

동재는 자기 아빠가 벌써 시의회 의원이 된 것처럼 고개를 쳐들고 반 아이들을 휘둘러보았습니다.

"아, 각 정당에서는 후보를 한 명만 추천할 수 있대. 그러니까 종구 아저씨는 이제 나라당 후보가 될 수 없는 거야."

"그깟 정당이 뭐가 중요하니? 사람이 중요하지."

인혁이가 구시렁거렸습니다.

"맞아. 우리 아빠도 사람의 됨됨이를 보고 뽑아야 한다고 하셨어."

다영이도 맞장구를 쳤습니다. 그러자 민주가 잘했다는 듯 인혁이, 다영이와 번갈아 가며 하이 파이브를 했습니다.

"그나저나 후보가 되려면 돈이 좀 필요하다고 하던데, 백

수인 종구 아저씨에게 그런 돈이 있을까?"

동재가 비꼬며 말했습니다. 돈 이야기가 나오자 민주나 다영이도 선뜻 대꾸할 말이 없었습니다.

"그런데 왜 그렇게 너는 종구 아저씨에게 관심을 갖는 거니? 네 아빠에게 제일 두려운 경쟁 상대여서 그런가?"

정수가 점잖게 말하자 동재는 아무 대꾸 없이 입만 뽀로통 내밀고 자기 자리로 돌아갔습니다.

오후에 아이들은 개똥 아지트에 모였습니다. 아기 숲 공원 여기저기에는 공원 개발에 반대하는 현수막과 찬성하는 현수막이 걸려 있었습니다.

"아기 숲 공원이 사라지는 건 상상도 하기 싫어."

다영이가 공원을 휘둘러보며 말했습니다.

"걱정 마! 종구 아저씨가 시의회 의원이 돼서 공원을 지켜 주실 거야."

인혁이가 의기양양하게 말하며 주먹을 꽉 쥐었습니다.

하지만 막상 이야기의 주인공인 종구 아저씨는 공원 어디에도 보이지 않았습니다.

"우리 종구 아저씨네 집에 가 볼까?"

아이들은 종구 아저씨가 사는 집으로 향했습니다. 종구 아저씨는 집에서 공부를 하고 있었습니다.

"지금 한가롭게 공부할 때예요? 시의회 의원 선거를 준비해야 하는 거 아니에요?"

"동재 아빠는 벌써 나라당에 가입해서 나라당 후보가 되었대요. 아저씨는 어느 정당에 가입했나요?"

민주와 다영이가 다그치듯이 물었습니다.

"응? 정당? 응, 그게……."

종구 아저씨는 뭔가 말을 꺼내려다 다시 집어넣었습니다.

"응, 야당인 풀잎당에서 연락이 오긴 했지만 서로 의견이 맞지 않아서 그냥 무소속으로 나가기로 했단다."

"정당의 추천 없이도 선거에 후보로 나갈 수 있어요?"

"그럼."

인혁이의 물음에 종구 아저씨가 고개를 끄덕이며 대답했습니다.

"종구 아저씨는 정당의 도움 없이 혼자서 정정당당하게 시의회 의원에 도전하시는 거군요."

정수가 존경스럽다는 눈빛으로 종구 아저씨를 바라보았습

니다.

"그런데 후보로 등록하려면 돈이 많이 필요하다고 하던데요. 괜찮으시겠어요?"

다영이가 집 안을 휘둘러보며 조심스레 물었습니다. 오늘따라 종구 아저씨의 집이 더 좁고 허름하게 보였습니다.

"글쎄, 그건 어떻게 되겠지. 돈 문제는 너희들이 신경 쓸 문제가 아닌 것 같구나."

종구 아저씨가 걱정 말라는 듯 말했습니다. 그제야 아이들의 얼굴이 밝아졌습니다.

다음 날, 민주와 다영이는 함께 등교했습니다. 교실은 여전히 시의회 의원 후보에 대한 이야기로 시끌시끌했습니다. 민주와 다영이가 교실에 들어서자마자 동재가 기다렸다는 듯 재빨리 다가왔습니다.

"종구 아저씨는 선거에 안 나가기로 했다면서? 결국 이럴 줄 알았다니까."

"뭐? 네가 잘못 알고 있겠지!"

민주와 다영이가 눈이 휘둥그레지며 손사래를 쳤습니다.

"그래? 그러면 어느 정당 후보로 나갈지는 정해졌어?"
동재가 눈을 가늘게 뜨며 물었습니다.
"무소속으로 나간다고 하셨어!"
"무소속? 우리 아빠가 무소속으로 나가려면 수백 명의 사람들에게 추천을 받아야 한다고 하셨어. 종구 아저씨가 혼자서 그걸 할 수 있을까?"
"네 아빠나 걱정하시지? 내가 우리 학교 학생들 추천을 다 받아 줄 테니까. 종구 아저씨는 문제없어!"
인혁이가 얼른 끼어들었습니다.
"또 무식한 소리 하고 있네. 투표권도 없는 아이들 추천을 누가 인정해 줄 것 같아? 투표를 할 수 있는 어른들의 추천을 받아야 하는 거야."
동재가 인혁이를 무시하는 투로 말했습니다. 그러자 다영이가 나섰습니다.
"종구 아저씨가 아는 사람이 얼마나 많은데. 지난번에 공원 개발 반대할 때 봤지? 그 사람들만 추천해 줘도 충분해."

다영이의 말에 다른 아이들도 고개를 끄덕였습니다.
"흥, 두고 보자."
동재가 콧방귀를 뀌며 돌아섰습니다.
"정말 정당 없이 종구 아저씨가 시의회 의원이 될 수 있을까? 좀 걱정스러운데……."
동재 앞에서는 당당했던 인혁이가 슬쩍 목소리를 죽이고

소곤거렸습니다.

"길고 짧은 건 대 봐야 아는 법이야."

가만히 보고만 있던 정수가 어른스럽게 대꾸했습니다.

"맞아. 우리 종구 아저씨를 믿어 보자!"

민주가 활기차게 말했습니다. 아이들은 마음속으로 정정당당하게 시의회 의원에 도전하는 종구 아저씨를 응원했습니다.

정치 의견이 같은 사람들끼리 모여서 활동해요

민주 신문 구호

시의회 의원 후보자 등록 시작

시의회 의원 후보자 등록이 이루어지고 있다. 대부분의 후보자가 정당의 추천을 받아서 나오고 그렇지 않은 후보자는 300인 이상 500인 이하의 추천을 받아야 나올 수 있다. 그래서 동재 아빠는 나라당 후보로, 종구 아저씨는 무소속으로 출마하기로 했다.

이번 선거는 매우 치열할 것으로 예상합니다

정당은 어떤 곳일까?

정당이란 나랏일에 관한 생각이 비슷한 사람들이 모여 자신들의 생각이나 정책 등을 이루기 위해 만든 단체다. 정당은 선거에 후보자를 추천하고 국민의 의견을 정부와 국회에 전달하는 역할을 한다. 대통령이 소속된 정당을 여당이라고 하고 여당을 제외한 나머지 정당을 야당이라고 한다.

직접 민주주의와 간접 민주주의

직접 민주주의란 국민이 직접 나랏일에 참여하는 것이다. 하지만 수많은 사람에게 의견을 일일이 묻기는 쉽지 않다. 간접 민주주의란 국민의 대표를 뽑아서 그들이 나랏일을 꾸려 나가도록 하는 제도로 '대의민주주의'라고도 한다. 시 의원, 국회 의원 등 국민의 대표로 뽑힌 사람들이 의사 결정을 하는 간접 민주주의가 효율적이지만 국민의 뜻을 정확하게 담기는 힘들다는 단점이 있다.

삼권 분립
거짓말쟁이 아저씨의 꿈

    후보자 등록이 끝나자 후보자들의 이름과 약력, 공약이 적힌 선거 벽보가 거리 곳곳에 붙었습니다. 동재 아빠가 기호 1번으로 붙어 있었습니다. 하지만 종구 아저씨의 모습은 어디에도 보이지 않았습니다.

    "얘들아, 우리 아빠 얼굴 봤지? 1번이야. 그게 바로 집권 여당이기 때문이지. 그나저나 종구 아저씨가 안 보이던데 어쩌나?"

    동재가 민주를 쳐다보며 비아냥거렸습니다. 종구 아저씨

가 출마할 것이라고 철석같이 믿었던 아이들은 어깨가 축 처지고 말았습니다.
 "법을 공부하는 사람이라 도둑질이나 거짓말은 안 한다고 해놓고는, 이게 뭐야?"
 인혁이가 구시렁거렸습니다. 다른 아이들은 아무 말도 하지 못했습니다.
 아이들은 무거운 걸음으로 개똥 아지트에 모였습니다. 멀리서 종구 아저씨가 다가오는 것이 보였습니다. 아이들은

종구 아저씨와 눈을 마주치지 않으려고 등을 돌려 앉았습니다.

"얘들아, 나왔다. 내가 후보 등록을 하지 않아서 화가 많이 났지?"

종구 아저씨가 능청스레 아이들 사이를 비집고 앉았습니다. 종구 아저씨는 아이들 가운데 피자를 꺼내 놓았습니다.

"내가 사과하는 의미로 한턱 쏘는 거야."

아이들은 입을 뽀로통 내밀고 팔짱을 낀 채 아무 대꾸도 하지 않았습니다.

"이거 식으면 맛없는데……."

종구 아저씨가 피자 한 조각씩 떼 내어 아이들의 손에 놓아 주었습니다.

"아저씨, 왜 저희들을 속이셨어요?"

"나중에 법조인이 되실 분이 어린이들을 속이시면 되나요?"

민주와 다영이가 입을 비쭉 내민 채 물었습니다.

"내가 못 나간다고 처음부터 말하면 너희들이 실망할까 봐

종구 아저씨는 왜 없지?

그랬단다. 후유~."

종구 아저씨가 길게 한숨을 내쉬며 말을 이었습니다.

"지난번에 독재 이야기를 했었지? 우리나라가 지금의 민주주의 국가가 되기까지는 많은 사람들의 노력이 있었단다. 그래서 우리나라는 국가 권력의 균형을 맞추고 서로 견제하기 위해 국가의 권력을 세 기관에 나누어 놓았어. 그걸 '삼권 분립'이라고 하지."

"그건 우리도 다 알아요. 입법부, 사법부, 행정부로 나누는 걸 말하는 거잖아요."

정수가 종구 아저씨를 쏘아보며 말했습니다. 다른 아이들은 피자를 입에 넣으며 눈만 멀뚱멀뚱 뜬 채 종구 아저씨의 이야기에 귀를 기울였습니다.

"그래. 법을 만드는 입법, 법을 집행하는 행정, 법을 재판하는 사법으로 권력을 나눈 거야. 내가 지금까지 공부하는 것은 사법부의 일을 하는 법관이 되기 위해서야. 그런데 혹시라도 시의회 의원이 되면 입법부의 일을 하는 게 되잖아?"

"그게 선거에 나가지 않는 것과 무슨 상관있나요?"

인혁이가 잘 이해되지 않는다는 듯 고개를 갸웃거렸습니다.

"지금 종구 아저씨는 시의회 의원은 싫고 법관이 되겠다는 거잖아."

정수가 인혁이의 머리를 툭 치며 말했습니다.

"왜 그렇게 법관이 되고 싶으신 거예요?"

"그야 법관이 되면 돈을 많이 버니까 그런 거 아니겠어?"

민주가 묻자 인혁이가 구시렁거리며 먼저 대답했습니다.

"물론 법관이 되어서 열심히 일하면 돈도 많이 벌 수 있겠지. 하지만 난 돈을 위한 법관이 아니라 양심 있는 법관이 되고 싶어. 법의 도움이 필요한 어려운 사람들을 위해 옳은 판결을 할 수 있는 법관이 되어서 정의로운 사회를 만들고 싶단다."

"우아, 법관이 그렇게 대단한 일을 하는지 몰랐어요!"

다영이가 대단하다는 듯 눈을 크게 떴습니다.

"나중에 법관 되면 우리 모른 척하고 그러는 거 아니에요?"

인혁이가 팔짱을 끼고 눈을 가늘게 떴습니다.

"어허, 나를 뭐로 보고! 법관이 되어도 지금처럼 너희와 친하게 지낼 테니 걱정 말거라. 어쨌든 이번에 선거에 나가지 않았다고 너무 속상해하지 않았으면 좋겠다. 더 멋진 법관

이 될 테니 말이다, 알았지?"
"네!"
 아이들이 입을 맞춰 큰 소리로 대답했습니다. 사실 아이들은 아직도 종구 아저씨가 시의회 의원에 출마하지 않은 것이 아쉬웠습니다. 하지만 훌륭한 법관이 되겠다는 종구 아저씨의 꿈을 인정해 주기로 했습니다.
"근데 피자 가지고 저희들을 달래려고 하는 건 좀 약한 거 아니에요?"
 민주가 입을 삐죽 내밀며 말했습니다.
"그럼 뭐가 필요한데?"
"콜라요. 피자는 있는데 콜라가 없잖아요. 자꾸 목이 막혀서 피자가 안 넘어가요."

"어이쿠, 내가 깜빡했군. 얼른 사 가지고 올게."

종구 아저씨가 주섬주섬 자리에서 일어나 공원 입구를 빠져나갔습니다.

"나도 법관이나 되어 볼까?"

인혁이가 입에 피자를 가득 물고 중얼거렸습니다.

"아서라, 아서. 우리나라 망칠라."

어른처럼 타이르는 정수의 말에 민주와 다영이가 고개를 끄덕이며 크게 웃었습니다.

멀리서 시끄러운 확성기 소리가 들렸습니다. 벌써부터 길거리에는 많은 후보자들이 나와서 선거 유세를 시작했습니다. 트럭 위에서 마이크를 잡고 선거 유세를 벌이는 동재 아빠의 모습도 보였습니다.

"여러분의 심부름꾼이 되어 보겠다고 나선 기호 1번 양철민입니다. 제가 누구인지는 여러분들이 너무나도 잘 아실 것입니다. 저는 무엇보다 우리가 살고 있는 지역의 문제를 최우선으로 해결할 수 있도록 하겠습니다. 그러므로 꼭 기호 1번을 밀어주시기 바랍니다."

그렇게 13일 동안의 선거 운동 기간이 끝나자 투표일이 되었습니다. 전국 지방 선거라서 학교가 쉬는 날이었습니다.

민주와 친구들은 오전부터 투표소 앞에 모였습니다. 선거 결과에 따라 아기 숲 공원이 없어질지도 모른다는 걱정에 괜히 투표소 입구를 어슬렁거렸습니다.

그때 종구 아저씨가 투표소로 오는 것이 보였습니다. 오늘

도 평소와 다름없이 후줄근한 모습이었습니다.

"아저씨, 투표하러 오셨어요?"

"응. 투표는 국민의 권리이자 의무잖아. 투표를 해야 우리나라 정치가 앞으로 올바르게 나아갈 수 있는 거지."

아저씨가 손을 흔들며 말했습니다.

"이번에 투표용지가 8장이나 된다는데 헷갈리지 말고 잘 찍으세요. 그런데 아저씨, 신분증은 가져가시는 거죠?"

"아차, 신분증을 놓고 왔네!"

다영이의 물음에 종구 아저씨는 헐레벌떡 다시 집으로 향했습니다.

"정말 종구 아저씨는 법을 공부하는 게 맞을까? 알 수 없는 일이야."

정수가 고개를 설레설레 저었습니다.

"우리도 투표할 수 있었으면 좋겠다."

민주와 다영이가 부러운 듯 말했습니다.

"사실 난 투표하는 것보다 학교 쉬는 게 더 좋아."

"우리 집에는 새벽같이 투표하고 와서 하루 종일 텔레비전 뉴스만 볼 수 있어 좋다는 분이 계셔."

인혁이의 말에 민주가 아빠를 떠올렸습니다.

저녁이 되자 투표 시간이 끝나고 개표가 시작되었습니다. 개표가 늦어져 자정이 다 되어서야 결과가 하나둘 나오기 시작했습니다. 민주는 궁금했지만 결국 결과를 보지 못하고 잠들어 버렸습니다.

다음 날, 민주는 눈을 뜨자마자 아빠에게 시의회 의원 선거에 대해 물었습니다.

"동재 아빠 어떻게 되었어요?"

"응, 떨어졌어. 열심히 했는데 안됐어, 쯧쯧."

"그럼 아기 숲 공원 개발은 어떻게 되는 거예요?"

"글쎄. 이제는 공원 개발이 어떻게 될지 아무도 장담할 수 없겠는걸?"

민주 아빠가 고개를 갸웃거리며 말했습니다. 동재 아빠가 시의회 의원에서 떨어지면 아기 숲 공원이 개발되지 않을 거로 생각했던 민주는 더욱 답답해졌습니다.

입법부, 행정부, 사법부에서 나랏일을 나누어 맡아요

민주 신문 8호

전국적으로 지방 선거를 치러

이번 지방 선거는 교육감, 교육의원, 지방 자치 단체장, 지방의회 의원 등 많은 사람을 뽑아야 했기 때문에 무척 복잡했다고 한다. 하지만 어른들은 자신을 대신해 나랏일을 할 일꾼을 뽑는 투표에 적극적으로 참여했다. 투표를 하는 것은 국가의 주인으로서 해야 할 당연한 권리이자 의무이기 때문이다.

헷갈리지 마세요.

대표적인 국가 기관

나랏일을 맡아보는 대표적인 국가 기관으로 입법부, 행정부, 사법부가 있다. 입법부는 국민을 대표하는 국회 의원들이 모여 법을 만드는 곳으로, 국회라고도 한다. 행정부는 국회에서 만든 법에 따라 나라를 다스리는 곳으로, 나라의 대표이자 행정부의 우두머리가 대통령이다. 사법부는 법에 따라 재판을 하는 곳, 즉 법원을 말한다.

삼권 분립이란 무엇일까?

권력 분립이란 국가 권력을 여러 기관에 나누어 균형을 맞추고 서로 견제해 국민의 자유와 권리를 보장하는 것이다. 국가 권력을 입법부, 행정부, 사법부로 나누는 것을 삼권 분립이라고 한다. 이렇게 입법부, 사법부, 행정부가 독립된 위치에서 한쪽으로 치우치지 않고 균형을 유지해야 건강한 민주주의가 이루어진다.

국민의 정치 참여
초록도시 운동 본부

아이들은 일요일 아침부터 개똥 아지트에 모여 인라인스케이트를 탔습니다. 이제껏 일요일마다 늦잠을 자던 아이들이었지만, 아기 숲 공원을 지켜 줘야 할 것만 같아 아침 일찍 모인 것입니다.

공원 곳곳에는 여전히 개발을 반대하는 현수막이 걸려 있었습니다. 하지만 금방이라도 공원을 파헤치려고 굴착기가 달려 올 것만 같아 조마조마했습니다.

점심시간이 가까워졌습니다. 그러자 한산했던 공원에 할

아버지, 할머니들이 하나둘 모여들기 시작했습니다.

"무슨 일이지?"

"매주 일요일 점심때 노인들을 위한 무료 급식이 있잖아."

민주가 묻자 다영이가 답해 주었습니다.

"우리 동네에서 그렇게 좋은 일을 하고 있었나?"

인혁이도 처음 들었다는 듯 고개를 갸웃거렸습니다.

"그나저나 아기 숲 공원이 없어지면 무료 급식도 없어지는 거 아냐?"

정수의 말에 모두들 우울한 표정을 지었습니다.

식판을 든 할아버지들과 할머니들은 앉을 자리가 없어서인지 개똥 아지트 근처까지 왔습니다.

아이들은 인라인스케이트를 챙겨 주섬주섬 일어서며 자리를 비켜 드렸습니다.

아이들은 밥차 가까이에 다가갔습니다. 밥차 안에서는 여러 사람들이 할아버지, 할머니들에게 음식을 담아 주고 있었습니다. 거동이 불편한 노인들에게는 직접 식판을 가져다주기도 했습니다.

"이 많은 사람들에게 밥을 퍼 주려면 엄청 힘들겠다."

민주는 길게 늘어선 줄을 바라보며 말했습니다.

"어라? 저기 종구 아저씨 아냐?"

밥차를 기웃거리던 인혁이가 소리쳤습니다. 모자를 눌러 쓴 종구 아저씨가 밥을 퍼 주고 있었습니다. 눈코 뜰 새 없이 바빠서인지 종구 아저씨는 가까이 서 있는 아이들을 알아보지 못했습니다.

종구 아저씨는 밥을 퍼 주면서도 종종 아는 얼굴이 보이면 짤막하게 인사도 건넸습니다. 밥을 능숙하게 퍼 주는 솜씨나, 노인들과 안면이 있는 것을 보아하니 밥차에서 자원봉사를

한 지 오래된 것 같았습니다.

"언제부터 소리소문없이 저런 일을 하고 계셨지?"

다영이가 다시 보인다는 투로 말했습니다.

"평소에 혼자 밥 챙겨 먹는 것도 귀찮아하던 그 종구 아저씨가 정말 맞나?"

인혁이가 믿을 수 없다는 듯 두 눈을 비볐습니다.

아이들은 물어보고 싶은 것이 많아서 밥차에 더 가까이 다가갔습니다. 하지만 줄 서서 기다리는 노인들에게 방해가 되는 것 같아 다시 뒤로 물러섰습니다.

"오늘은 그만 집에 가자. 할아버지, 할머니들께서 식사하시는데 인라인스케이트를 탈 수는 없잖아."

정수의 말에 아이들 모두 동의했습니다. 인라인스케이트를 챙겨 들고 집으로 가는 내내 아이들은 밥 퍼 주는 종구 아저씨를 입 모아 칭찬했습니다.

학교 컴퓨터 시간에 조사 학습을 다 끝낸 다영이가 인터넷을 살펴보았습니다.

"어? 아기 숲 공원 이야기다."

다영이의 말에 아이들이 우르르 몰려들었습니다.

"여기 봐. '아기 숲 공원을 개발하지 말아 주세요'라는 글이 있잖아."

아이들은 각자 자기 자리에 앉아 인터넷을 검색해서 글을 찾아 읽었습니다. 아기 숲 공원 개발을 반대하는 글이었습니다. 글 마지막에 '초록 도시 운동 본부 김종구'라고 쓰여 있었습니다.

공원 개발을 막으려고 1인 시위도 하셨네!

"종구 아저씨잖아?"

"그런데 초록 도시 운동 본부는 또 뭐야?"

아이들은 또다시 인터넷을 검색하기 시작했습니다. 초록 도시 운동 본부는 도시의 녹지 공간을 보존하고 개발하는 일을 하는 시민 단체라는 정보가 나왔습니다.

"시민 단체란 정치에 조금 더 적극적으로 참여해 이익을 실현하기 위해서 서로 같은 생각을 가진 사람들이 만든 단체라고 되어 있어. 정당과 비슷한 것 같기도 하고……."

"그나저나 종구 아저씨 정말 대단한데? 난 종구 아저씨가 공원 개발 반대에 대해서는 까맣게 잊은 줄 알았어."

정수와 민주가 놀랍다는 듯 연달아 말했습니다.

다영이가 이번에는 인터넷에서 김종구를 검색했습니다. 그러자 시청 앞에서 1인 시위하는 종구 아저씨의 사진이 떴습니다. 아기 숲 공원 개발을 반대하는 내용의 손팻말을 들고 하루 종일 서 있었다는 기사도 사진 옆에 있었습니다.

"종구 아저씨가 갑자기 멋있게 보인다."

다영이가 발그레 달아오른 얼굴을 두 손으로 감쌌습니다.

"저러다가도 실제로 종구 아저씨 얼굴 보면 제정신이 확

돌아올 텐데, 뭐."

인혁이가 고개를 설레설레 저으며 하는 말에 아이들이 깔깔깔 웃었습니다.

그날 오후에 아이들은 종구 아저씨를 찾아갔습니다. 그리고 인터넷에서 본 것과 공원에서 본 것을 이야기했습니다.

"비록 시의회 의원은 될 수 없었지만, 더 적극적으로 아기 숲 공원 개발 반대에 힘쓰고 싶었어. 그래서 혼자서 1인 시위도 하고 시민 단체와 연합해서 개발 반대 운동을 벌인 거지. 잘될지 모르겠지만……."

"그래서 저희들도 공원 앞에서 손팻말을 들고 우리 어린이들의 의견을 지나가는 사람들에게 전하기로 결정했어요."

"쉽지 않겠지만 아저씨도 노력하시는데 저희들도 조금이나마 힘이 되고 싶어요."

민주와 다영이의 말에 종구 아저씨가 환하게 웃었습니다.

"노인들 무료 급식도 도와주시던데, 아저씨가 다시 보이던데요?"

인혁이가 엄지손가락을 추켜올렸습니다.

"그거 사실은 공짜로 하루 세 끼를 먹을 수 있다고 해서 시

작한 거야."

종구 아저씨가 뒷머리를 긁적였습니다.

"에이, 그게 정말이에요?"

다영이가 실망했다는 표정을 지었습니다.

"농담이고, 아는 선배가 종교 단체와 함께 좋은 일 한다기에 봉사하는 거야. 너희들도 도와주면 좋을 텐데 말이야."

"저희들이 할 수 있는 일도 있나요?"

"물론이지! 몸이 불편한 어른들에게 식판을 갖다주고 다시 받아 오는 일만 해줘도 큰 도움이 되지."

"그럼 저희들도 도울게요!"

아이들은 선뜻 돕겠다고 나섰습니다.

그 후, 아이들은 시간이 날 때마다 공원 입구에 서서 아기 숲 공원 반대를 알리는 손팻말을 들고 섰습니다. 그러자 아기 숲 공원 개발을 반대하는 아이들의 수가 점점 늘어났습니다. 아이들은 서로를 격려하며 환하게 웃는 얼굴로 손팻말을 들었습니다.

일요일에는 아이들도 무료 급식 자원봉사를 했습니다. 몸이 불편한 노인들에게 식판을 갖다주면서 이리저리 바쁘게

뛰어다녔습니다.

그때 커다란 카메라를 든 방송국 사람들이 공원에 들어왔습니다. 방송국 사람들은 종구 아저씨를 찾아 종구 아저씨가 일하는 모습을 촬영했습니다. 그리고 종구 아저씨의 일이 끝나자 인터뷰도 했습니다.

"비록 작은 공원이지만 어린이들에게는 꿈을 키울 수 있는 곳이고, 노인들에게는 편안한 쉼터를 제공하는 소중한 공간입니다."

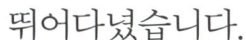

종구 아저씨는 카메라 앞에서 당당하게 자신의 생각을 말했습니다. 촬영이 끝날 즈음 종구 아저씨는 아이들을 불러 함께 카메라 앞에 서기도 했습니다.

"수요일 저녁에 하는 '따뜻한 사람'이라는 방송에 우리들이 나올 거야."

민주와 친구들은 자신들이 방송에 나올 거라며 반 아이들에게 호들갑을 떨었습니다. 하지만 방송에서는 '밥 퍼주는 총각'이라는 이름으로 종구 아저씨의 모습만 나올 뿐 아이들의 모습은 나오지 않았습니다.

개똥 아지트에 모인 아이들은 풀이 죽어 있었습니다.

"우리도 방송 나왔으면 좋았을 텐데 말이야."

"여기저기 소문 다 내놓고 잔뜩 기대했는데, 이게 뭐야."

"그래도 종구 아저씨가 공원에 대한 이야기를 하는 거 보니까 속이 시원했어."

"그건 그래. 게다가 종구 아저씨는 이제 우리 동네 스타가 되었다니까."

그때 멀리서 휘파람 소리가 들렸습니다. 종구 아저씨가 기분이 좋을 때 부는 휘파람 소리였습니다.

"너희 여기 있을 줄 알았다."

아니나 다를까 종구 아저씨가 밝은 표정으로 다가왔습니다.

"애들아, 방금 전해 들은 따끈따끈한 소식인데 시청에서 아기 숲 공원을 개발하지 않기로 했대. 그뿐만 아니라 공원 둘레에 인라인스케이트 전용 도로와 노인들을 위한 운동기구를 설치해 주겠대."

종구 아저씨가 들뜬 목소리로 말했습니다.

"와!"

아이들은 주먹 쥔 손을 높이 추켜올리며 소리를 질렀습니다.

"아저씨가 정말 고생이 많았어요."

"아냐, 이런 일은 혼자서 할 수 있는 게 아니란다. 너희들도 큰 힘이 되어 주었어."

아이들과 종구 아저씨는 서로서로 어깨동무를 하고 방방 뛰었습니다.

그때 멀리서 동재 아빠가 봉지 하나를 달랑달랑 들고 공원에 들어오는 것이 보였습니다. 그 뒤로 동재도 따라오고 있

었습니다.

"종구 총각, 큰일 해냈더군. 나랑 빵이나 먹으면서 그동안 섭섭했던 감정 풀지 않겠나?"

"섭섭한 감정은 하나도 없는데 빵은 먹고 싶군요."

종구 아저씨가 동재 아빠의 손을 붙잡고 앉았습니다. 동재 아빠는 봉지에서 빵과 음료수를 꺼냈습니다. 그리고 아이들에게도 빵과 음료수를 나눠 주었습니다.

"또리는?"

인혁이가 동재에게 물었습니다.

"집에서 놀고 있어."

"너희 대단한데? 결국 아기 숲 공원을 지켰잖아."

동재의 말에서 진심이 묻어났습니다.

"너한테 칭찬을 듣다니! 우리도 그동안 섭섭했던 감정이나 풀자!"

민주가 밝게 웃으며 손을 내밀었습니다. 동재는 망설임 없이 민주의 손을 잡았습니다. 그때 종구 아저씨가 아이들을 향해 소리쳤습니다.

"얘들아, 동재 아버님께서 노인들 무료 급식 때 빵을 주시

기로 하셨어!"

"와!"

아이들은 또다시 크게 함성을 지르며 박수를 쳤습니다.

국민은 다양한 형태로 정치에 참여해요

민주 신문 9호

새롭게 태어난 아기 숲 공원

종구 아저씨와 여러 사람의 도움으로 아기 숲 공원 개발이 취소되었다. 게다가 공원 둘레를 따라 인라인스케이트 전용 도로가 생겨서 어린이들이 인라인스케이트를 안전하게 탈 수 있게 되었고, 시민들의 건강을 위한 운동기구도 생겼다. 아기 숲 공원을 지켜 낸 만큼 더 깨끗하게 이용하는 시민 의식이 필요하다.

아기 숲 공원을 지켰다!

사회 전체를 위해 활동하는 단체

시민 단체란 사회 전체의 이익을 실현하기 위해 시민 스스로가 만든 단체다. 시민 단체는 다양한 사람들의 이익을 대신 전하고, 정당에 여론을 전달하고, 정책을 제시하는 등 여러 사람의 이익을 위해 일한다. 시민 단체는 정치, 경제, 사회, 교육, 문화, 통일, 환경, 복지, 여성, 교통 등 다양한 분야에서 활동하고 있다.

언론

여론이란 사회현상이나 정치적 문제 등에 대한 대다수 국민의 공통된 의견이다. 국민의 뜻에 따라 국가의 중요한 정책을 결정하는 민주 정치에 서는 여론이 중요하다. 언론이란 사람들에게 시시각각 일어나는 사건에 대한 정보를 빠르게 전달하고, 폭넓게 여론을 형성하는 활동을 말한다. 신문, 잡지, 라디오, 텔레비전, 인터넷 등을 예로 들 수 있다.

민주와 다영이가 함께 은행에 갔습니다. 민주가 할머니에게 받은 용돈을 저금하기 위해서였습니다. 둘은 번호표를 뽑고 차례를 기다렸습니다.

"저기 피오나 아니니?"

다영이가 손가락으로 창구를 가리키며 말했습니다. 피앙이 창구 앞에 있었습니다.

"저금하러 왔나?"

민주와 다영이는 피앙이 무얼 하는지 힐끗힐끗 쳐다보았

습니다. 피앙은 3천 원을 창구에 낸 뒤 인사를 하고 은행을 빠져나갔습니다.

"통장에 돈을 넣으러 왔나?"

민주와 다영이는 고개를 갸웃거렸습니다. 민주 차례가 되어 돈과 통장을 창구 언니에게 주었습니다. 피앙에게 돈을 받은 언니가 민주 통장을 받은 언니에게 소곤거렸습니다.

"아까 그 아이 또 왔어. 폐지 모은 돈을 저축하지 않고 아

프리카 어린이를 돕는 단체에 돈을 보내고 갔어. 자기도 가난해 보이는데 속이 없는 건지 아니면 속이 깊은 건지 알 수 없단 말이야."

민주와 다영이는 깜짝 놀란 얼굴로 서로를 바라보았습니다. 은행에서 나와 인혁이와 정수가 기다리고 있는 개똥 아지트로 갔습니다. 오늘은 동재도 함께 인라인스케이트를 타기로 했습니다. 종구 아저씨와 동재 아빠가 화해하던 날, 아이들은 동재와도 부쩍 가까워졌습니다.

날이 무더워서 다들 인라인스케이트를 오래 타지는 못했습니다. 소나무 그늘에 앉아 쉬고 있는데 피앙이 보였습니다. 멀리서 아이들의 모습을 부러운 듯 바라보고 있는 것 같았습니다. 여전히 피앙 손에는 폐지가 들려 있었습니다.

"이제 이 인라인스케이트는 작아서 못 신을 것 같아."

동재가 발가락을 구부렸다 펴며 말했습니다.

"정말 덥지? 오늘은 내가 아이스크림 쏠게."

동재의 말에 아이들 모두 두 손을 번쩍 들어 올렸습니다.

"동재야, 아이스크림 하나 더 사 와. 알았지?"

"두 개나 먹으려고? 알았어."

민주의 말에 동재가 씩 웃으며 공원을 나섰습니다.

동재가 오자 민주는 남은 아이스크림 하나를 들고 피앙에게 다가갔습니다. 그리고 피앙을 데리고 아이들이 모여 있는 곳으로 왔습니다.

"잘 먹을게. 고마워."

피앙이 동재에게 고개를 끄덕이며 인사했습니다. 동재는 시큰둥한 표정으로 인사를 받으며 조금 떨어져 앉았습니다.

"피앙, 폐지 모은 돈으로 아프리카 어린이들을 돕는다며?"

민주가 묻자 다른 아이들의 눈길이 피앙에게 쏠렸습니다.

"그게 정말이야? 내가 보기엔 너 자신이 더 어려운 처지 같은데?"

동재가 비아냥거렸습니다.

"사실 그 아이들은 나보다 더 어려워. 그리고 난 커서 그런 사람들을 돕는 자원봉사자가 되고 싶어."

피앙의 말에 아이들은 아무 대꾸도 하지 못했습니다.

집에 돌아온 민주는 자꾸 피앙의 모습이 떠올랐습니다. 민주는 인터넷으로 아프리카 아이들의 모습을 살펴보았습니다. 자기 또래의 아이들이 가난과 굶주림, 병으로 죽어 가는

모습의 사진을 보면서 민주는 가슴이 아팠습니다.

　다음 날 민주는 친구들을 집으로 초대했습니다. 그리고 인터넷으로 아프리카 아이들의 사진을 보여 주었습니다. 다들 눈시울이 붉어졌습니다.

　"피앙이 한 일을 생각하고 아프리카 아이들의 모습을 보니까 왠지 모르게 울컥했어. 우리도 피앙처럼 아프리카 어린이를 돕는 게 어때?"

　민주가 친구들을 둘러보며 말했습니다.

　"맞아. 인터넷에 나온 것처럼 우리가 천 원씩만 아껴서 아프리카에 보내 주면 그 아이들은 천 원으로 일주일 동안 살 수 있다고 하잖아."

정수가 찬성하자 다영이와 인혁이도 고개를 끄덕였습니다.
"학급 회의 안건으로 내면 되겠네."
동재의 말에 모두들 놀란 눈으로 동재를 쳐다보았습니다.
"왜? 그냥 맘대로 회장님께서 아프리카 어린이 돕게 돈 내라고 말하면 되잖아."
인혁이가 장난스럽게 대꾸했습니다.
"아냐. 이런 것은 학급 회의를 거쳐서 하는 게 좋을 것 같아. 많은 사람이 찬성하고 많은 사람이 참여하면 더욱 좋은 일 아냐?"

동재가 쑥스러운지 뒷머리를 긁적거렸습니다.

"이야, 우리 동재가 변했어요."

민주와 다영이가 박수를 쳤습니다.

"이제 맘대로 회장이 아니라 진짜 회장 같다는 생각이 드는데?"

인혁이와 정수도 칭찬했습니다. 동재의 얼굴이 잔뜩 붉어졌지만 어느 때보다 밝은 표정이었습니다.

다음 날, 학급 어린이회 시간에 민주가 성금에 대한 안건을 건의했습니다.

"우리나라에도 불쌍한 애들 많은데, 왜 아프리카 아이들을 도와?"

민주의 말에 함께하겠다는 친구들도 있었지만 그렇지 않은 친구들도 있었습니다. 민주는 차근차근 설명을 했습니다.

"아프리카같이 어려운 곳에서는 몇천 원만 있어도 목숨을 구할 수 있대. 그 아이들도 우리와 똑같은 사람이잖아. 생명은 모두 소중하니까."

민주네 반 아이들은 다수결로 아프리카 어린이들을 돕기로 결정했습니다. 그리고 많은 아이들이 성금을 냈습니다.

그리고 모은 성금을 아프리카 어린이를 돕는 구호 단체에 보냈습니다.

"우리 이번 한 번으로 끝내지 말고 앞으로도 계속하자. 세계에는 우리가 도와주어야 할 친구들이 많으니까."

"좋아. 까짓것 아이스크림 한 번 안 사 먹으면 되는 거잖아. 그렇지?"

민주의 말에 동재도 크게 외쳤습니다.

며칠 뒤에 민주는 개똥 아지트에 피앙을 초대했습니다.

"피앙, 우리가 좋은 일을 할 수 있게 해줘서 고마워."

민주가 피앙의 손을 잡으며 말했습니다.
"아냐, 너희들 덕분에 내 꿈을 꼭 이루고 싶다는 생각이 더 간절해졌어. 내가 더 고마워."
피앙이 오히려 아이들에게 고맙다고 했습니다.
"동재야, 어서……."
민주가 동재에게 눈짓을 했습니다.

"피앙, 이거 내가 작아서 못 신을 것 같은데 한 번 신어 보지 않을래?"

동재가 작아서 못 신겠다고 했던 인라인스케이트를 피앙에게 건넸습니다.

"내가 몰래 네 실내화 사이즈를 봤어. 아마 딱 맞을 거야."

민주의 말에 피앙은 환하게 웃으며 인라인스케이트를 신었습니다. 민주의 말대로 딱 맞았습니다.

피앙이 일어서서 뒤뚱뒤뚱 걷기 시작했습니다. 아이들은 피앙의 손을 잡고 공원을 한 바퀴 빙 돌았습니다. 피앙의 입에서 웃음이 끊이지 않았습니다. 아이들의 웃음소리가 공원을 가득 메웠습니다.

세계가 함께 어울려 살아가요

민주 신문 10호

"굶어 죽는 아이 만큼은…"

아프리카 어린이를 위해 성금을 모아

학급 친구들과 함께 성금을 모아 아프리카 어린이를 돕는 구호 단체에 보냈다. 아프리카 어린이들의 어려운 처지를 알게 되었고, 지금 우리가 풍족하게 살고 있다는 것에 감사하는 마음을 가지게 되었다. 앞으로도 세계의 어려운 친구들을 돕는 일을 계속할 것이다.

여러 나라가 모여 서로 교류하는 사회

국제 사회란 세계의 여러 나라들이 정치, 경제, 사회, 문화 등 모든 분야에 걸쳐 서로 협력하거나 경쟁하면서 맺어지는 사회를 말한다. 오늘날 교통과 통신의 발달로 나라 사이의 교류가 활발해지면서 서로 밀접한 관계를 가지게 되었다. 이처럼 지구 전체가 한 마을처럼 가까워진 국제 사회를 지구촌이라고 한다.

세계 문제를 해결하기 위한 노력

지구촌 곳곳에서 그 나라 사람들만의 힘으로는 해결하기 힘든 문제들이 종종 일어난다. 그런 문제를 해결하기 위해 세계 여러 나라가 국제 연합, 세계 보건 기구, 유네스코, 유니세프 등의 국제기구를 통해 서로 협력하고 있다. 특히 유니세프는 형편이 어려운 나라의 어린이들을 기아, 질병, 무지로부터 구해 내고 있다. 또한 그린피스, 국경 없는 의사회 등의 국제 시민 단체도 세계의 어려운 문제를 해결하기 위해 노력하고 있다.